JOURNAL

d'un

Prêtre Parisien

1788-1792

AVEC PRÉFACE ET NOTES

de Ch. d'Héricault.

PARIS

GAUME ET Cᵢᵉ, ÉDITEURS

3, RUE DE L'ABBAYE, 3

1896

JOURNAL

D'UN

PRÊTRE PARISIEN

RUDEMARE

JOURNAL

D'UN

PRÊTRE PARISIEN

(1788-1792)

AVEC PRÉFACE ET NOTES

DE

Ch. d'HÉRICAULT

PARIS

GAUME ET Cie, ÉDITEURS

3, Rue de l'Abbaye, 3

1896

Tous droits réservés

PRÉFACE

Il n'y a pas un érudit, publiant un morceau de mémoires inédits, qui ne tente de persuader à l'humanité qu'elle lui doit de la reconnaissance. Cette tradition est antique et vénérable. Elle doit, comme le bon Rollin le disait de l'Histoire de l'Égypte, se perdre dans la nuit des temps. Je me garderai bien de manquer à ce devoir très doux.

Je me plais donc à croire que le nombre des gens qui me doivent de la gratitude est difficile à compter. Il y a d'abord les Parisiens, car notre abbé donne sur la vie de Paris au xviiie siècle quelques notions qu'on ne trouve pas ailleurs ; puis les historiens qui trouveront ici quelques tableaux inoubliables ; puis encore tous les Français en général et les gens du Nord en particulier, car si l'abbé Rudemare s'est beaucoup promené dans Paris, il a parcouru avec intelligence l'Artois, la Picardie, le Hainaut.

C'est aussi aux hommes intelligents de Belgique que je réclame une grande somme de gratitude. Notre voyageur parcourt leur pays à un moment des plus intéressants.

Je ne refuse pas non plus les remerciements chaleureux des artistes ; l'abbé Rudemare est remarquable par sa passion pour les monuments, et comme il est observateur convaincu et minutieux, comme il a l'oreille au guet, l'œil détaillant, l'esprit et le verbe très actifs en même temps que sérieux, on peut être assuré qu'on voit ces monuments tels qu'ils étaient en 1791.

Enfin je ne désespère pas de l'applaudissement de tous les honnêtes gens, car si notre narrateur est assez franc pour dire tout ce qu'une perception aiguisée et une observation fureteuse lui ont fourni, il ne regarde rien de ce qui peut offenser les regards délicats. Il ne va jamais au delà des termes d'une bonhomie humoristique. On peut l'accompagner avec confiance, en se promettant une conversation instructive, intéressante, souvent alerte, parfois joyeuse.

Comme j'ai publié quelques romans sous forme de Mémoires et que j'y ai mis assez de soin pour induire, pendant quelque temps, en erreur des gens de goût et d'esprit, je dois déclarer devant Dieu et devant les hommes que le présent *Journal* est authentique. Le manuscrit appartient au chapitre de Notre-Dame de Paris. Il m'a été confié par un prêtre érudit de la paroisse Saint-Roch. J'en ai publié jadis quelques pages dans la

Revue de la Révolution. Hormis cela, tout est inédit.

L'abbé Rudemare, du reste, est connu. Son caractère se dévoile dès les premières pages de son Journal. Nous le voyons actif et sensitif. Il a cette qualité distinctive de la race française d'alors : il aime l'honneur ; c'était l'épargne que la société de l'Ancien Régime, quelles que pussent être ses misères morales, devait à quatorze cents ans de catholicisme, de royauté, de chevalerie, de batailles. L'honneur était devenu l'instinct de la bourgeoisie tout autant que de la gentilhommerie, et le clergé, malgré son humilité, en enveloppait sa foi comme le peuple ; les domestiques même en connaissaient les tressaillements.

Rudemare est un bourgeois, un bourgeois de Paris. C'est là ce qu'il faut chercher sous sa soutane. On y trouvera la foi, la pureté de la vie, le sentiment de la dignité, mais aussi cette secousse que le xviiie siècle donnait à tous les cerveaux lettrés de France. Je lui soupçonne ce grand goût pour le *parler railleur*, l'*acute loqui*, antique instinct de la race gauloise que les épilogueurs Jansénistes avaient développé dans le clergé, comme les perspectives fanfaronnes de l'Encyclopédie l'avaient déchaîné dans la bourgeoisie comme les insolences voltairiennes l'avaient débridé chez les courtisans.

En outre, pour la bourgeoisie de Paris, le Parlement était le modèle qu'on était fier de suivre. Il régnait à la Ville comme le roi à la Cour, plus même ; il donnait le ton, les exemples, il avait des milliers de clients qui devinrent les courtisans de *Messieurs*; et l'esprit d'opposition, de dénigrement, de critique, de haine même qui l'animait, s'était joint aux autres causes de révolte. Les plus honnêtes gens résistaient mal à ce souffle révolutionnaire que le philosophisme railleur avait encouragé; et l'exaltation et l'orgueil dominaient la fin du siècle dernier, comme la dépression et la lâcheté la fin de celui-ci.

Rudemare, sensible, irritable, volontiers loquace, très hardi, et que je soupçonne un peu porté à se faire valoir, était par là plus disposé à prendre l'air du temps. Il regimbe, en effet, avec amertume et manque totalement d'humilité, en face du « supérieur » . Mais la solidité de sa foi et de ses principes, le bon sens naturel, l'horreur du bourgeois pour la canaille, l'indignation commune à tous les gens de cœur contre l'injustice et contre la domination des gens du ruisseau, l'empêchèrent de conclure dans le sens révolutionnaire, comme le firent quelques autres bourgeois, également sincères mais ambitieux et moins solidement chrétiens.

« L'injustice des grands » contre laquelle il fulminait en 1788 lui paraîtra plus tard mille fois préférable à « la justice des petits ».

Nous avons eu la chance de trouver un portrait de lui. C'est une bonne fortune, car le personnage n'est pas illustre et il vivait dans un temps où la photographie ne couvrait pas les murailles du portrait des sapeurs-pompiers. Une bonne fortune rare ! Mais comme il est de l'essence de notre nature humaine de faire la moue à la Providence et de lui demander un bœuf pour la remercier de nous avoir donné un œuf, je gémis de n'avoir pas le portrait de Rudemare au temps où il nous parle. Celui que j'ai vu (1) le représente quand il a soixante ans, au moins. Il a été dessiné et lithographié par M\ :superscript: C. Pingeon, pour Villain, qui doit être un marchand de gravures. Le buste est sec, revêtu du rochet, du camail canonical et de l'étole curiale. Le visage est maigre, le nez grand, le front large; figure ovale que la longueur du nez fait paraître très allongée, la physionomie froide, entêtée. La lithographie a éteint les yeux où l'on ne peut deviner d'autre expression qu'une austérité voulue, peut-être seulement la gravité de l'âge mûr, car il y a sûrement, dans la commissure des lèvres minces et longues, un sourire fin et malin qui se cache mais qui donne de la vie à ses traits rigides.

Au dessus du portrait on lit: M. Jacques-Henry Rudemare, curé de Notre-Dame des Blancs-Manteaux, chanoine honoraire de l'église de Paris et promoteur général de l'archevêché.

Ces titres nous indiquent en quelle considération il était tenu et quel chemin il avait fait dans l'estime archiépiscopale, depuis le temps où les premières pages de ce manuscrit nous le montrent

(1) Je voue grande gratitude à M. l'abbé de Valois, curé des Blancs-Manteaux à Paris. C'est à sa bienveillante courtoisie que je dois non seulement ce portrait, mais la communication des registres et plusieurs indications qui m'ont permis de donner quelques rondeurs à cette biographie encore trop sèche.

obligé à quelque dépense de courage pour obtenir justice de Mgr. de Juigné.

Il nous raconte avec une intéressante minutie sa vie jusqu'en 1792. Que devint-il pendant les années qui suivirent? Je suis obligé de confesser que je n'en sais rien et que j'en suis confus. D'autres plus heureux ou plus persévérants que moi seront peut-être renseignés. Le manuscrit que j'ai, porte au dos le n° 1. Cette alléchante promesse est confirmée à l'intérieur qui dit gracieusement *Premier volume*. Personne, je crois, ne me blâmera d'avoir pensé qu'un premier volume en suppose au moins un second. Hélas! cette supposition, si logique qu'elle paraisse, est un rêve. Il n'y a pas de tome II. Rudemare en partant pour l'exil a-t-il changé d'avis? La suite est-elle perdue ou simplement ignorée (1)?

Nous pouvons conclure des premières pages du manuscrit que Rudemare est né en 1758, qu'il a de belles connaissances et appartient à une famille de riche bourgeoisie.

Ce journal nous fait pénétrer dans son intimité pendant l'espace de quatre années.

---

(1) Mgr de l'Escaille, doyen du chapitre de Notre-Dame à Paris, a bien voulu me donner l'assurance que ce tome I est le seul qui se trouve dans les archives. M. l'abbé de Valois m'a donné la même assurance pour les Blancs-Manteaux. M. l'abbé Delarc, qui publie un travail approfondi sur le clergé parisien du xviii° siècle, ne sait rien sur Rudemare, non plus. M. Paul Lacombe, ce grand maître de la bibliographie parisienne, sait de lui seulement qu'il n'a pas voulu prêter serment. M. Welschinger qui, dans son *Histoire du divorce de Napoléon*, donne sur notre héros une notice importante, ne le connaît qu'à cette date. Il est inutile que j'ennuie le public en lui citant les brochures, manuscrits ou journaux que j'ai pu feuilleter. On en concluerait que je suis d'autant plus coupable de n'avoir rien trouvé.

Nous le quittons en 1792. La situation est déjà
tellement insupportable pour les honnêtes gens,
qu'il regarde comme heureux le décret qui bannit
les prêtres de France. C'était une vue prophéti-
que, cette *douce* France devenue révolutionnaire
n'est plus bientôt, pour les prêtres, que l'emprisonnement, les pontons, la guillotine, les fusilla-
des et les noyades.

En 1809, nous retrouvons Rudemare en belle
vue, mais en posture difficile et dangereuse.

L'empereur Napoléon est arrivé tout en haut
de son orgueil. Il est bien convaincu qu'il est un
être, non seulement exceptionnel mais unique
dans l'histoire du monde; il sait que Dieu l'a
formé avec un soin très particulier et il ne fau-
drait pas grande éloquence pour lui persuader
que ce ne fut pas sans fatigue que le Créateur or-
ganisa un être si supérieur au reste des humains.

Mais arrivé à ce faîte, croyant voir tous les
royaumes à ses pieds et n'ayant rien à désirer
pour sa propre gloire, il veut un prolongement
non pas de cette gloire — il la juge immortelle —
mais des fruits de cette gloire. Il lui faut une dynastie. Ses frères ne lui paraissent pas taillés
pour être les chefs de cette dynastie; Eugène de
Beauharnais, qu'il avait adopté, n'est plus suffisant, aujourd'hui que la grandeur comme la renommée de Napoléon dépassent tous les niveaux
connus dans l'histoire.

Joséphine ne lui donnera pas d'héritier. D'ailleurs il a dévoilé le fond de ses propres pensées: il
connaît la puissance politique et sociale de l'héré-

dité. Si j'étais mon petit-fils, a-t-il dit! Il veut donc avoir plus qu'une dynastie. Il rêve que son fils soit ce petit-fils, puissant par l'instinct familial du commandement et respecté comme un descendant : il cherche une épouse de vieille race. La maison d'Autriche a offert, littéralement, une de ses filles. Toutefois, si la nécessité politique la réduit à cette humiliation, il lui reste encore assez de sang apostolique pour ne pas vouloir du déshonneur. Elle suit sa tradition : *Tu, felix Austria, nube.* Mais elle est essentiellement chrétienne. Elle ne pouvait pas deviner l'ignominie que Napoléon infligerait à la fille des Césars, la veille du mariage religieux. Elle voulait un mariage chrétien ; le divorce avec Joséphine ne lui suffisait pas ; il fallait que ce divorce fût en quelque sorte reconnu par l'Eglise. Pour cela il était nécessaire que la première union fut tenue pour nulle.

Les gens de l'empereur déclarèrent donc que ce mariage n'avait jamais canoniquement existé. Il avait été célébré sans aucune cérémonie religieuse. Mais l'église l'avait béni quelques années plus tard ! Ici les gens de l'empereur prétendaient que cette bénédiction était dans les conditions que le Concile de Trente considère comme insuffisantes.

Voici ce qui était arrivé.

A la veille du sacre, Pie VII déclara qu'il ne sacrerait pas Joséphine si elle n'était mariée religieusement. Le cardinal Fesch vint lui donner l'assurance qu'elle l'était. Qu'était-il survenu ?

Napoléon, qui redoutait par dessus tout la moquerie, voulait cacher que Joséphine n'avait été, en somme, que sa concubine. Exaspéré par les exigences du Pape, mais sachant qu'il ne le ferait pas céder sur ce point, il demanda au moins que le mariage fût clandestin. Il fallait pour cela une permission expresse du Pape qui, seul, pouvait autoriser cette dérogation au droit canonique. On était convaincu qu'ici encore il ne céderait pas. Le cardinal Fesch tourna la difficulté. Il demanda au Pontife de lui donner les pouvoirs généraux les plus étendus, souvent nécessaires pour l'exercice de ses fonctions de grand aumônier.

Le Pape accorda. Le cardinal maria Napoléon et Joséphine clandestinement, sans témoin sérieux.

Les gens de l'Empereur déclaraient donc qu'il n'y avait pas eu ce que réclamaient impérieusement les lois de l'Église, pour constituer le sacrement de mariage, la publicité et l'intervention du *propre curé*, du curé du domicile. Napoléon ajoutait, au surplus, qu'il n'avait dit oui que des lèvres, sans intention de consentir, en protestant *in-petto* contre la violence morale que lui faisait le Pape. Il y avait une autre cause de nullité, mais d'ordre tellement intime que l'empereur ne voulut pas l'invoquer.

Devant qui porter cette affaire ? Il était de tradition, et d'une tradition si constamment suivie qu'elle en avait force de loi, que les causes royales ressortissaient — quant au mariage — de la cour pontificale. Comment s'adresser à Pie VII, que, en ce moment même, Napoléon maintenait en prison à Savone !

Les conseillers impériaux décidèrent que cet

usage n'était pas une loi canonique et que les
causes matrimoniales appartenaient au tribunal
ordinaire de l'Official diocésain. La Révolution
n'avait-elle pas aboli tous les privilèges contrai-
res à l'égalité !

Les officialités n'avaient plus, depuis la Révolution, les importantes attributions et la demi-
indépendance que lui avait données l'Ancien Régime. Elles n'étaient plus qu'une sorte de conseil
de l'Évêché. Mais elles avaient gardé réellement
juridiction dans toutes les questions qui concer-
naient le sacrement de mariage.

Il y avait dans ces tribunaux deux personnages importants, l'Official et le Promoteur. Le
premier était le juge, le second avait les fonctions
que possédait dans les affaires civiles le procureur du roi. C'était lui qui mettait la cause en
mouvement, qui l'étudiait, la préparait, la résu-
mait, donnait ses conclusions, très importantes
parce qu'elles avaient une grande autorité auprès
de l'official, lequel ne jugeait guère que d'après
les avis du promoteur.

L'officialité de Paris avait déjà donné signe
d'existence le 6 octobre 1806, en annulant le
mariage de Jérôme Bonaparte avec Elisabeth
Paterson.

Rudemare était, dès cette époque, promoteur du
diocèse. L'officialité avait donc déclaré le mariage
de Jérôme nul. Le pape avait cassé ce jugement,
tenu le mariage pour valable. Ce précédent, la
persuasion où était Napoléon de son écrasant pres-
tige et du servilisme de presque tous les citoyens

français, bien triturés et domestiqués par la Révolution, avaient persuadé à l'empereur que, s'il
n'avait pas l'espoir d'intimider Pie VII, il aurait
bon marché de toutes les officialités françaises.
Légalement, en effet, on devait appeler de la sentence de l'officialité diocésaine à l'officialité métropolitaine, puis à l'officialité primatiale et de là
à Rome. Telles étaient les protections que l'An-
cien-Régime avait accordées au clergé inférieur
contre les chances d'erreur de l'administration
épiscopale.

Rudemare était la partie publique dans cette
importante affaire où la conscience du juge et du
prêtre pouvait se trouver en opposition avec le
despotisme de l'empereur ; il avait à lutter contre
cette crainte qu'il imposait, dont nous aurions
peine à admettre la puissance presque irrésistible, si elle n'était constatée par les contemporains.

Rudemare était le premier à parler, celui qui
devait attirer le plus l'attention, mais aussi les
coups ; et la colère était effrayante en un prince
persuadé, comme il le dit plus tard, qu'il était en-
voyé « pour donner le mot d'ordre à l'Univers » .
Nous sommes renseignés par Rudemare lui-
même sur cette grande affaire. Il publia le
*Narré de la Procédure à l'occasion de la demande
en nullité du mariage de Napoléon et de Joséphine Tascher de la Pagerie.*

Cet opuscule a été imprimé au Hâvre chez Cor-
celet en 1831. Mais il était rédigé et tiré à petit
nombre dès 1826. « Les jugements hasardés sur

la question du mariage de Bonaparte l'ont déterminé, dit-il, à transcrire ce narré qu'il a fait en 1810 et à déposer quelques exemplaires dans les bibliothèques de la capitale. »

Thiers, le comte d'Haussonville, M. Welschinger ont utilisé ce document. Ce dernier surtout l'a finement et complètement analysé dans le large et impartial ouvrage qu'il a donné sur le divorce de Napoléon.

En 1809, l'abbé Boilesve est l'official diocésain, l'abbé Lejeas official métropolitain, l'abbé Rudemare promoteur diocésain et cet abbé Corpet, pour lequel notre auteur montre tant de mépris en 1789, est le promoteur métropolitain.

Le 12 décembre 1809, ils sont convoqués auprès du ministre des cultes Bigot de Préameneu ; ils y trouvent le fin et sceptique juriste, le ci-devant terroriste Cambacerès, archichancelier de l'empire.

Après avoir ouï les deux représentants de la puissance impériale, les abbés commencent par protester que la cause qu'on leur expose doit être réservée au jugement du Pape, sinon en droit absolu du moins d'après les usages immémoriaux. Rudemare surtout insista avec une énergie qui était stupéfiante en ce temps de jacobinisme mâtiné de césarisme.

Mais comment s'adresser au Pape, il est prisonnier à Savone ? — L'argument est singulier de la part de ceux qui tenaient les clefs de la geôle. — N'y avait-il pas en ce moment à Paris une commission composée d'un cardinal, d'un archevêque, de cinq évêques, commission chargée d'examiner l'état des affaires ecclésiastiques? Qu'on s'adresse à eux, dirent les officiaux.

Cambacerès refuse : c'est une affaire qui relève de l'officialité du diocèse.

Rudemare insiste : au moins qu'on interroge cette commission sur cette question de compétence, afin de mettre la conscience des membres de l'officialité en repos. La discussion fut longue, plus longue que l'Empereur ne l'eût pu supposer et, répétons-le, Rudemare montra une fermeté qui, pour beaucoup de contemporains, parut être héroïque.

La commission ecclésiastique décida que l'officialité diocésaine pouvait procéder en sûreté de conscience en premier ressort et aller en appel à l'officialité métropolitaine ; l'officialité primatiale de Lyon devait décider en dernier ressort. Disons immédiatement qu'on négligea complètement ce dernier ressort.

Le 1ᵉʳ et le 2 Janvier, l'affaire s'entama. Nous avons exposé les arguments. Rudemare termina son rapport, le 9 ; nous regrettons que l'espace nous manque pour le reproduire. Il est fort curieux, comme travail d'érudition ecclésiastique, comme étude du style particulier à l'argumentation canonique, comme indiquant l'état des âmes, même les plus fières et les plus consciencieuses, au temps de l'Empire.

Il nous dit qu'il le communiqua à trois des plus érudits et plus dignes théologiens d'alors, l'abbé Desjardins, docteur en Sorbonne, Lager

Bardelin, avocat du clergé et l'illustre et vénérable Emery. C'est lui qui se montra si ferme en cette lutte de l'Empereur contre le Pape, en ce combat de l'orgueil humain, armé de la toute-puissance et de la toute-autorité de l'homme, contre tout ce qui est faible en ce monde, la vieillesse, l'infirmité, uniquement défendues par la conscience chrétienne, finalement victorieuse. On pouvait donc s'en fier à lui.

Rudemare assure que les théologiens avaient approuvé ce rapport.

Le promoteur repoussait l'argument tiré du non-consentement. Il disait ironiquement — mais bien bas — qu'un tel argument n'avait jamais été invoqué que par un mineur timide et contraint par ses parents; au surplus « s'il suffisait de dire j'ai consenti des lèvres en me réservant le droit de retirer mon consentement quand il me conviendrait, il n'y aurait jamais de mariage. »

Mais il acceptait l'autre raison. En effet, disait-il, la publicité, la présence de témoins, celle surtout du *propre curé*, sont des conditions essentielles. Elles sont indiquées comme nécessaires par le concile de Trente et sont les protectrices de la liberté des fidèles. Le Pape, sans doute, peut passer outre, mais lui seul a une telle autorité, et il ne l'exerce que quand il connaît les faits et peut juger que ces conditions, dans un cas tout exceptionnel, ne sont pas nécessaires.

Le cardinal Fesch ne lui a pas demandé de pouvoirs *ad hoc*, mais des pouvoirs vagues concernant son office de grand aumônier où le Pape ne

pouvait supposer qu'il comprit l'office paroissial. Il n'avait donc pas délégation du Pape, donc
pas de pouvoirs, donc le mariage, manquant des
conditions essentielles, était nul canoniquement.

Il ajouta que les conjoints ainsi séparés étaient,
selon la règle universellement suivie, obligés en
conscience de réhabiliter immédiatement leur
mariage, de donner à leur union la publicité et
de se marier sans délai devant témoins et devant
le propre curé.

Il concluait enfin qu'en réparation du scandale
donné, une amende considérable fut payée.

L'official Boilesve adopta les conclusions sauf
en ce qui concernait la réhabilitation immédiate
du mariage.

Rudemare en appela à l'officialité métropolitaine. On ne devait pas attendre une grande énergie du ci-devant curé constitutionel Corpet. L'official métropolitain était l'abbé Lejeas, vicaire
général capitulaire, administrateur de l'archevêché de Paris. Il donna sa sentence en enlevant les
quelques restrictions que Rudemare avait indiquées. La réhabilitation fut passée sous silence et
l'amende écartée comme injurieuse à la majesté
impériale. L'abbé Lejeas fut nommé évêque de
Liège, Rudemare disparut de la scène, *persona
non grata*, mais il put écrire en 1810: « J'ai voulu
exposer toute ma conduite pour m'aider à me laver, au besoin. devant l'Église, dont je fais pro-
fession de craindre plus les censures que la colère
de Sa Majesté, du reproche d'usurpation de juridiction, de précipitation, de prévarication. »

Nous le retrouvons en 1818 curé de la paroisse des Blancs-Manteaux à Paris.

A cette date, en dehors des délibérations du conseil de fabrique qui indiquent sa présence et parfois ses observations, nous n'avons d'autres traces officielles de son administration que cette mention inscrite sur une plaque de marbre dans l'église : « M. de Chais Olier a fait à cette église le 20 juillet 1815, le don de trois cloches et le 21 janvier 1816, d'une horloge. Une quatrième cloche est du curé Rudemare, deux autres de son successeur. » C'est le successeur, M. Garenne, qui a fait mettre cette plaque en 1864.

Pour donner la plus haute idée de notre conscience d'érudit, ajoutons qu'en 1827 Rudemare fit son testament, fondant une messe, qu'on devait dire chaque année après son décès. Il ajoutait qu'après la cérémonie, le clergé de la paroisse devait se diriger en procession solennelle vers le cimetière pour y dire une dernière prière.

Cette clause, qui semble indiquer dans notre personnage un tempérament original et hardi, et qu'il était peut-être possible d'exécuter sous la Restauration, parut inadmissible sous Louis-Philippe. On remplaça cette procession par un second service funèbre.

Nous voyons l'abbé Rudemare signer les délibérations de son conseil de fabrique jusqu'au 6 février 1830. Vendredi 14 janvier 1831, c'est en son nom encore que le conseil est convoqué, mais il ne signe plus.

Le sac de l'église Saint-Germain l'Auxerrois et

de l'archevêché, le 14 février 1831, le révolta.

Fut-il menacé, crut-il voir là non seulement un crime révolutionnaire, mais aussi le recommencement de la Terreur? Revit-il ces effrayantes scènes du temps de la prise de la Bastille qu'il nous a peintes avec une couleur si saisissante? Il s'éloigna. Le 10 avril, c'est l'abbé Estrayes de Cabassales qui préside la séance du conseil de fabrique « à cause de l'absence du curé. »

L'archevêque nomma à sa place l'abbé Garenne. Nous avons un document qui va nous renseigner sur la démission de l'abbé Rudemare. C'est la délibération du conseil de fabrique du 23 décembre 1832.

« M. le curé fait observer que le conseil n'a, dans aucune de ses délibérations, constaté ni la démission donnée par M. Rudemare comme curé de cette paroisse, ni la nomination à cette cure de M. Garenne au lieu et place de ce vénérable pasteur, ni enfin son installation ; que ce silence peut être attribué, sans doute, aux évènements politiques de l'année 1831, qui n'ont pas permis au conseil de se réunir en nombre suffisant pour délibérer, il prie en conséquence le conseil de vouloir bien réparer cet oubli involontaire.

« Le conseil, après avoir délibéré, considérant que lors de la démission de M. Rudemare dans les premiers jours du mois d'avril 1831, il lui a été écrit par M. le président une lettre pour lui témoigner au nom de la fabrique tous les regrets que lui causait une pareille détermination et l'engager à ne pas priver de ses bons conseils et su

2

tout de sa sage administration des paroissiens qui le chérissent et le respectent.

« Considérant que par suite de cette démission que M. Rudemare a persisté à donner, Mgr l'Archevêque de Paris a nommé, le 18 avril 1831, M. Garenne, Charles-Félix, du clergé de Saint-Thomas d'Aquin, curé des Blancs-Manteaux.

« Que le 5 mai de la même année il a été, de la manière accoutumée et en présence de quelques-uns des membres de la fabrique, procédé à l'installation de M. le nouveau curé par M. l'archiprêtre Jalabert, assisté de M. le curé de Saint-Thomas d'Aquin.

« Que, dans son discours, après avoir parlé des vertus qui distinguaient son vénérable prédécesseur, M. Rudemare, il a payé un juste tribut aux nombreuses vertus dont est doué ce digne pasteur et qu'il a exprimé dans les termes les plus touchants la douleur qu'éprouvaient et la fabrique et les nombreux fidèles de cette paroisse de la perte prématurée de ce vénérable curé. Considérant que, si après avoir assisté à cette installation, le conseil n'a pas, selon son usage, pris une délibération pour constater tous ces faits, c'est qu'alors il ne se trouvait pas en nombre voulu pour délibérer. Qu'il est toujours à même de réparer cet oubli involontaire. Arrête que mention sera faite au procès-verbal de ce jour, de l'installation de M. le curé. »

M. Rudemare se retira au Hâvre. On a de lui, datée de là, une lettre où il indique combien il est

heureux, après une vie si agitée, de passer là ses
derniers jours dans la paix.

Il y mourut le 16 juillet 1841, à l'âge de 83
ans.

II

Je n'ai pas l'intention d'enseigner l'histoire
de la Belgique aux lecteurs de ces Mémoires.
J'indiquerai seulement l'état où se trouvaient les
Flandres et le Brabant au moment où notre
voyageur Parisien y entra.

On connaît le jugement que le prince de Ligne,
le trop galant mais très bon, très ingénieux prince
Charles-Joseph, porte sur l'empereur Joseph II :
« C'est un prince qui a constamment envie d'éter-
nuer mais qui n'y arrive pas. »

En effet brouillon et fiévreux, il cachait sous
une apparence tantôt de flegme sceptique, tantôt
d'ironie dédaigneuse, une sensibilité inquiète. Il
était passionné pour le remuement plus que pour
le changement, parce que le changement peut
ébranler l'autorité absolue et que le remuement
donne l'illusion du libéralisme. Il eut voulu
extraire les plus solides pierres du monument
d'ordre composite qui constitue la monarchie
Autrichienne, et les remplacer par des carrés de
papier, sans enlever à ce monument de sa solidité.

Jaloux de Frédéric II à qui il enviait la sym-
pathie des philosophes français, sans vouloir leur
faire, comme lui, directement la cour, il avait

pour ennemi particulier tout ce qui était tranquille et regardait comme obstacle tout ce qui était traditionnel. Il agitait, agaçait, égratignait, inquiétait, harcelait tout ce qui était antique, pieux, solennel, immobile, et cela dans un État qui vivait surtout de tradition, qui tenait debout par son antiquité et dont toutes les pièces étaient cousues entre elles par le respect religieux. On devine que le *moine* était la bête noire de cet agité libéraliste, et par dessus tout le moine belge, qui était un moine solide, convaincu et cher aux populations. Il commença donc par mettre le feu aux couvents, supprimant les abbayes et les monastères, abolissant les confréries, les pèlerinages, les processions.

Pourquoi cet empereur vernissé de philosophie détestait-il les processions, les pèlerinages, les confréries, les monastères, les abbayes? La grande raison, la philosophie l'avait habilement suggérée à l'Europe entière. Elle était immense, irréfutable, elle laissait toute contradiction sans voix, elle écrasait toute opposition comme l'écrase la vue d'un fait tangible.

Quelle était donc cette raison qui « inondait d'un torrent de lumière ses obscurs blasphémateurs » ? Cette raison n'était qu'un mot, mais il disait tout, il répondait à tout. Ce mot c'était *capucinière*.

Ce mot caractérise l'espèce de guerre que l'on fit alors à l'Église. Ce fut lui qui fit cette première Révolution dans les idées qu'on n'a pas assez signalée au milieu du XVIIIe siècle, et qui seule rendit possible le mouvement de 1789. J'ai dit ailleurs la série des déductions qui partirent de ce mot pour arriver au culte de la Raison :

Première période : « Nous attaquons la *capucinière*, c'est-à-dire, les jésuites et les capucins. Pourquoi pas? c'est très amusant. D'ailleurs les jésuites et les capucins ne sont pas tous les ordres religieux; et nous respectons les ordres religieux.

Deuxième période : « Après tout, jésuites et capucins ne diffèrent guère des autres ordres. Les moines en général ne valent pas mieux. Nous allons le prouver d'une façon amusante parce que, en somme, les moines ne sont pas les vrais prêtres; l'Église peut s'en passer, et nous respectons les vrais prêtres. »

Troisième période : « En y réfléchissant bien, il y a beaucoup de points de ressemblance entre le moine et le prêtre séculier. Reconnaissons donc que le clergé ne vaut pas le diable et moquons-nous gaiement de l'un et de l'autre. Mais encore une fois, nous ne prétendons pas attaquer l'Église chrétienne. Vraiment non. »

Quatrième période : Toutefois l'Église se compose de prêtres et d'évêques, et les prêtres sont partout les mêmes. Bon ! décidément l'Église n'est qu'une vieille capucinière, et, quand on penserait que Jésus ne fut qu'un philosophe, cela n'importe guère à la puissance de Dieu.

Cinquième période : « En fin de compte, nous voyons que ce sont ces moines, ces prêtres, ces chrétiens qui défendent surtout la cause de Dieu. Concluons philosophiquement que s'ils sont des fourbes et des hypocrites, c'est que Dieu n'existe pas, et, au nom de l'esprit, nous interdisons à tout ce qui n'est pas sot d'y croire.

Plus tard on ajoute la guillotine à cet *esprit* qui partait de la *Capucinière* et arrivait à l'athéisme.

Joseph II ne prévit pas sans doute la quatrième et la cinquième période. Il s'arrêta à la fin de la deuxième. Peut-être allait-il au fond de ses pensées, jusqu'au bout de la troisième.

D'ailleurs comme l'appétit, qui vient toujours en mangeant, devient pantagruélique quand une fois on a goûté du moine, il supprima bientôt l'illustre société des Bollandistes, de plus tous les séminaires diocésains.

En outre, comme il est aussi de règle historique que les coups donnés à l'Église sont toujours l'annonce d'une tempête de coups tombant sur la civilisation, et qu'on affaiblit la société chrétienne, surtout pour battre plus aisément le reste de la nation, après le clergé vint la magistrature, qu'on bouleversa. Enfin vint le tour de la nationalité belge.

L'empereur la supprima. La Belgique devint province autrichienne. Les privilèges du Brabant, du Hainaut, des autres provinces de Flandre furent abolis.

Les évêques protestèrent. On leur fit savoir qu'ils étaient criminels de blâmer l'autorité légitime de l'empereur. Ils la respectèrent donc et permirent ainsi à la Révolution de préparer l'arme qui devait les blesser et avec eux la nation belge et les deux représentants de cette « autorité légitime, » l'Empereur et le Pape.

Si les évêques cessèrent de protester, ils ne furent pas convaincus. L'Empereur, pour bien indiquer aux philosophes français le but qu'il poursuivait, n'excepta de la persécution, qu'une seule et infime classe, les protestants. Ils furent satisfaits, les encyclopédistes aussi. Ils furent les seuls. Les États protestèrent, tout le peuple protesta. Un avocat respecté, Van der Noot, publia une proclamation d'une grande éloquence qui fut presque unanimement applaudie.

Le gouverneur des Flandres était alors le prince Charles de Lorraine, le meilleur, le plus poli, le plus aimé des princes. On connaissait de lui mille traits de bienveillante courtoisie et notamment celui-ci qui me revient à la mémoire et qui le peint fort bien.

Il chassait un jour dans une forêt ; une foule de bonnes gens, bourgeois et populaire, l'escortait courant de tous côtés pour le mieux voir, bousculant les chiens, renversant les veneurs, se jetant entre les jambes des chevaux. Le prince, harassé, eut un moment de colère.

— Allez-vous-en au diable, s'écria-t-il en fureur. Puis, s'arrêtant, il retira son chapeau et continua d'une voix douce, en saluant poliment :

— Si toutefois cela vous fait plaisir.

L'affection qu'on avait pour lui, agrémentée de beaucoup de trabans, arrêta momentanément la révolte. Van der Noot fut contraint de se réfugier en Angleterre. Cela se passsait en 1787 et 1788.

La France s'agitait. Van der Noot, infatigable, revint, et avec le grand pénitencier Van Eupen, il défendait les antiques droits des Flandres tandis que l'effervescence française créait un parti démocratique dirigé par Van der Mersch et l'avocat Vonck. Il y avait ainsi deux révolutions parallèles en Belgique, en 1789, la révolution conservatrice et la révolution… révolutionnaire.

L'empereur Joseph mourut. Il avait pour successeur un prince qui n'avait pas perdu son temps dans la patrie de Machiavel, qu'il avait gouvernée. Il envoya aux Flamands de belles promesses, toujours escortées par beaucoup de trabans. La Belgique, travaillée entre les aristocrates et les démocrates, était incapable de résistance. Elle se laissa persuader que le nouvel empereur lui rendrait les anciens privilèges. Le 2 décembre 1790, amnistie générale fut proclamée. La paix reparaît. C'est à cette époque que notre voyageur met les pieds en Flandres.

C'était un bon moment pour un observateur doublé d'un amateur d'art. Charles de Lorraine et l'archiduchesse Marie-Christine qui lui succéda avaient fait de Bruxelles une ville brillante : la cour était renommée pour son luxe et son élégance; la politesse, l'aménité des manières s'étaient aisément développées dans un pays, d'ailleurs naturellement hospitalier et bienveillant; les goûts artistiques qui distinguaient les princes autrichiens avaient augmenté également l'amour et le culte des monuments, des œuvres d'art, chez les Flamands où cet amour et ce culte étaient également, de toute ancienneté, un instinct national.

Notre fugitif allait donc trouver de quoi satisfaire ses goûts artistiques. A cette date la situation des émigrés n'était pas mauvaise en Belgique. C'est là, comme dans tous les pays les plus voisins de la France, qu'ils accouraient en attendant que les victoires de la République les obligeassent à gagner le fond de l'Allemagne, la Russie, les pays enfin où ils ne courussent pas le péril de la vie. Rappelons, en effet, avec quelles allègres plaisanteries les généraux révolutionnaires racontent l'assassinat des émigrés, dans les bulletins de victoire envoyés à la Convention.

Ces meurtres paraissent être, à leur estime, — après le pillage toutefois, comme on le sait — le plus réjouissant résultat de la victoire. En 1791 les aristocrates n'avaient pas encore à craindre la fusillade en Belgique. Sans doute Léopold les détestait. Il avait eu soin d'écrire à Marie-Christine, régente des Pays-Bas, qui était pourtant la sœur de la Reine de France : « Ne faites rien de ce que les Français vous demanderont, hors des politesses et des diners. » Au moins il y avait des politesses et des diners. On sait comment les autres princes d'Allemagne interprétèrent les recommandations impériales. On a présent à l'esprit cet écriteau : « Les vagabonds, les émigrés, et les mendiants n'ont pas le droit de séjourner dans cette principauté. » Ici encore les *Carmagnoles* ne tardèrent pas à venger, sans le vouloir, ces émigrés : soit par lâcheté ou par jalousie, soit pour faire expier à la noblesse française son élégance et sa longue primauté, les Allemands insultaient les aristocrates vaincus ; les démocrates vainqueurs les saccagèrent avec une intensité républicaine dont je n'ose pas citer les détails. Mais on peut les voir dans les mémoires d'un prêtre français intitulés *Six années d'exil*.

La Belgique, plus hospitalière aux victimes de la Révolution, fut traitée avec moins de férocité. Nous ne disons pas avec moins de rapacité : le vol est la courtoisie de la Révolution. La science du pillage est d'essence révolutionnaire et nulle part les Jacobins ne la pratiquèrent plus impitoyablement que dans les riches Flandres. Le pays avait déjà été pillé lors de la première invasion en 1792, mais sans méthode, au hasard de la fantaisie des chefs et des soldats, des fournisseurs, des agents civils et des espions. Lors de la seconde invasion, en l'an II, le saccage fut codifié. Il fut pratiqué méthodiquement, comme une recette d'impôt, et perçu avec une bonhomie narquoise, comme un don de joyeux avènement. Je donnerai ces exemples: le 26 messidor, la ville de Bruxelles doit fournir une contribution de 5 millions en numéraire; et pour apprécier la valeur réelle de ce numéraire, il faut se rappeler qu'un domaine estimé petitement 500,000 francs était vendu 32,000 francs en espèces. Au bout de quelques jours ce ne fut plus 5 millions, mais 10 qui furent exigés, toujours paiement en *numéraire* et dans les 24 heures, sous peine de 50,000 livres pour chaque jour de retard. La

République prenait des otages qui étaient envoyés, à leurs frais, dans les citadelles du Nord de la France. On prenait naturellement tout ce qui était respectable et on enfermait les gens vénérables dans des forts dont le chirurgien militaire, qui y était détaché, disait qu'ils étaient « insalubres, malsains pour les gens bien portants. » On peut juger de ce qu'ils étaient pour les vieillards et les infirmes.

Ce qui se passait à Bruxelles était répété partout, dans les villages, abbayes, communautés, chatellenies, universités. En outre, les provinces en bloc étaient frappées. Ainsi la province payait d'abord, puis chaque ville ou bourgade, enfin dans cette ville, les corporations. C'était le trident Jacobin. Il faisait trois blessures d'un coup : Louvain est imposé d'un million, le 3o messidor, à payer dans les 24 heures ; le 8 du mois suivant, l'Université doit donner un autre million, quatre docteurs sont désignés comme otages. La Province avait déjà été taxée.

Notons que la République, ayant l'intention d'incorporer la Belgique à la France, voulait se faire bien venir du pays. On peut juger de ses procédés dans les contrées qu'il s'agissait seulement d'exploiter. Tout le monde s'y mettait, d'ailleurs, officiers et soldats. En dehors de ces contributions classiques, il y avait la fantaisie. Elle n'avait pas de limites. Elle prenait des allures goguenardes de bourreau gracieux.

Le général Souham, par exemple, écrit, en messidor an II, à l'abbé d'Afflinghem, de remet-

tre aux gendarmes porteurs de ce billet 5o bouteilles du meilleur bourgogne, 5o bouteilles du
meilleur bordeaux, 2 pains de sucre, tout le poisson qu'il pourrait avoir, de la morue de Hollande
et les autres choses semblables, de plus, autant
de volailles que d'habitude et un mouton, si c'est
possible. Le général dit, en post-scriptum, qu'il
est persuadé que « les moines ont un sensible
plaisir à obliger des Français patriotes. » Cela
rappelle cet article de Perlet, annonçant, à la
même époque, aux badauds parisiens que les peuples étrangers s'entretuaient pour avoir des assignats français, mais qu'ils n'en auraient pas.
L'officier d'état-major de Souham met les mêmes
formes moqueuses, mais moins d'orthographe :
« L'abbaïe d'Alflinghem aura la bonté d'envoyer
au général Souham, de suite, de la *volaïe* et autres
comestibles. »

Tandis que les millions devaient être payés en
numéraire, les paiements faits par les Français
ne l'étaient jamais qu'en assignats. Les Jacobins,
toujours aussi joyeux que le journaliste Perlet et l'aide de camp de Souham, disaient que les
assignats étaient la manne du désert qu'il fallait
faire manger au peuple belge pour lui donner le
goût de la liberté !

La masse du peuple flamand ne paraissait pas
destiné à avoir grand goût pour cette manne.
Plus perspicace que le prince Léopold, il n'avait
pas attendu cette réquisition de millions, d'otages
et de *volaïe*, pour se défier de ce nouveau monstre
qui entrait chez les voisins. Sous la Constituante

beaucoup étaient de l'avis que le prince de Ligne exprimait en ces termes profonds et railleurs : « La Grèce avait des Sages, mais ils n'étaient que sept, la Constituante en a 1200 à 18 francs par jour, sans mission que d'eux-mêmes, sans connaissance des pays étrangers, sans plan général, sans océan qui peut, comme en Angleterre, protéger les faiseurs de phrases et de lois. » Un émigré qui nous a laissé d'intéressants mémoires sur Quiberon, M. de Villeneuve, nous raconte comment ce prince de Ligne recevait les royalistes français : « Il se plaisait à s'entretenir avec nous sur les principes d'honneur dont nous avons suivi l'impulsion et il nous applaudissait avec enthousiasme. »

Il faut voir là le sentiment général ; non pas, sans doute, des Vonckistes et des Merchistes. Ceux-ci recevaient plus volontiers leurs impressions du Procureur-général de la Lanterne. Ils étaient destinés à devenir les sous-aides des jacobins français, et nous pouvons donner comme modèles ce Balardelle, président du tribunal de Bruxelles, et J. Grenier, substitut, qui se prennent aux cheveux pour une somme de 34 sols et demi que ledit Grenier a eu « l'honnêteté » d'avancer au tribunal pour acheter des chandelles afin d'éclairer les juges et que ce prodigue et imprudent substitut ne peut parvenir à se faire rendre.

L'opinion, rappelons-le, était beaucoup mieux représentée par l'enthousiasme qui éclatait quand on chantait *le Déserteur* et l'air « ô Richard, ô mon Roi ».

III

Le voyage de l'abbé Rudemare est intéressant
sans doute pour la Belgique au double point de
vue artistique et politique. Toutefois, l'intérêt
principal n'est pas là. D'abord, Rudemare nous
donne une esquisse de toutes les sœurs des villes
flamandes, je veux dire les villes du nord de la
France. Il y a plus et beaucoup plus. Il y a un intérêt d'histoire générale. Rudemare nous ouvre
des perspectives sur le clergé français à l'époque
de la Révolution. Il nous peint les premiers évènements de 89 en quelques scènes inoubliables.
Son esprit alerte, franc est frappé par les menus
faits. Il les reproduit avec leur vrai accent, il sou-
ligne des mots qui envoient des rayons clairs dans
l'histoire d'alors et il relate tel incident qui s'em-
pare de l'esprit comme de la mémoire.

Mais je ne veux pas oublier plus longtemps le
vieil et profond proverbe assurant que « mar-
chandise vantée est à demi dépréciée » et je
craindrais, en insistant sur les mérites de mon
« auteur », qu'on ne songeât à M. Josse et à son
orfèvrerie.

Je donne la parole à Jacques Henri Rudemare
et je publie son journal sans y rien changer, en
me bornant à ajouter des notes historiques qui
aideront le lecteur à mieux connaître encore les
évènements et les hommes dont il parle.

CH. DE RICAULT D'HÉRICAULT.

JOURNAL

D'UN PRÊTRE PARISIEN

1788-1792

MON JOURNAL DEPUIS 1788

> Sed si tantus amor casus cogno-
> scere nostros...... Quanquam ani-
> mus meminisse horret, luctuque
> refugit, incipiam (1)......
> Quœque ipse miserrima vidi, et
> quorum pars   fui ! (2)......

1788

En septembre 1788 ma mère, la plus tendre et la plus aimée des mères, fut attaquée d'une fièvre à laquelle les médecins et les chirurgiens donnèrent le nom de fièvre quarte rémittente ;

(1) Quelques uns de nos lecteurs me trouveront impertinent de leur dire que cette citation est empruntée au 2ᵉ livre de l'*Énéide*, vers 10, 12, 13 ; d'autres — en plus grand nombre — me remercieront; et pour eux je traduis : Mais si vous avez un vif désir d'apprendre mes aventures, quoique mon cœur ait horreur de ces souvenirs et qu'il évite ces terribles spectacles, je m'en vais pourtant commencer.

(2) Entre *pars* et *fui* il y a un blanc. Le manuscrit a été gratté. La cita-

mais à laquelle, dans la vérité, ils ne connurent rien, car au moment qu'ils paraissaient rassurés sur son compte et que je la soutenais dans une faiblesse qui lui prit, j'eus la douleur de la voir périr entre mes bras, le 13 octobre suivant, sans autres secours spirituels que ceux que le trouble où j'étais, me permit de lui donner. Elle me fut enlevée dans sa 66e année. R. I. P. (1)

J'étais alors attaché à la paroisse St Germain l'Auxerrois (2), comme administrateur des sacrements (3), depuis 3 ans environ. A cette fatale époque il ne me fut plus possible de voir de malades. Ils me rappelaient trop cruellement les derniers moments de celle que la mort m'avait ravie si inopinément. Ma santé s'altéra ; j'eus des attaques de nerf si violentes que je devins, en peu de temps, incapable de toute fonction. Je tombais en faiblesse en célébrant la messe et

tion complète donnait *quorum pars magna fui.* Notre citateur a eu un remords, bien que la modestie et l'humilité ne paraissent pas être chez lui à l'état de défaut dominant. Il a gratté *magna* qui était, en effet, aventureux. *Parva* lui a paru sans doute peu respectueux pour un homme qui avait représenté le peuple souverain à l'Hôtel de ville, lors de la prise de la Bastille, et il laisse dans le vague la *pars* qu'il avait prise. La citation est empruntée au 2e livre de l'*Énéide,* vers 5, elle dit : « ces lamentables choses je les ai vues et j'y ai pris une part.

(1) Requiescat in pace.

(2) Cette paroisse passait pour être avec St Gervais, la plus ancienne de Paris. Elle possédait titre paroissial dès le VIe siècle. Elle avait alors une étendue considérable. Au XVIIIe siècle, elle n'était plus remarquable que par quelques tableaux de Philippe de Champagne, de Bon-Boulogne, Lebrun, Restout, Jouvenet, Vien. Elle avait une chapelle appartenant à l'une de ces curieuses congrégations de Frères-Ouvriers qui mériteraient une étude spéciale, en un temps où l'on s'occupe tant de démocratie chrétienne.

(3) On nommait ainsi, du moins à Paris, au XVIIIe siècle, les vicaires des Paroisses.

même en administrant le baptême. Je renonçai donc à toutes les relations que ma place me donnait avec les malades, les mourants et les morts, pour ne plus exercer qu'un ministère purement libre.

Au commencement de l'année suivante, je perdis, dans Sardines, un confrère qui m'était sincèrement attaché et qui me l'avait bien prouvé dans les circonstances que je vais rapporter et au milieu desquelles il soutint, avec tout l'intérêt imaginable, mon âme anéantie et découragée.

23 janvier. — Le 23 janvier 1788, à 8 1/2 h. du matin, au moment où je me préparai à dire la messe, le curé de St-Germain (1) me fit dire de passer chez lui, et là me signifia que Mgr l'Archevêque (2) m'interdisait de toute fonction, et que j'eusse à me disposer à quitter sur le champ sa paroisse. Je lui demande les motifs de tout ceci, il refuse de me les dire.

— Cela *suffit*, lui répondis-je, me préparant à me retirer.

— Eh bien que voulez-vous faire?

— *Monsieur, j'y penserai.*

— Qu'allez-vous devenir?

— *Je verrai.*

— Examinez-vous; dites-moi franchement ce

---

(1) C'était M. Jean Ringart, curé depuis 1781. Cette cure, une des 16 en la Ville, était à la nomination de l'archevêque, qui avait choisi un homme digne de toute sa confiance.

(2) C'était Antoine-Éléonore-Léon Le Clerc de Juigné, alors âgé de 60 ans et qui avait été transféré de l'évêché de Chalons-sur-Marne, l'année même où Ringart avait été nommé curé de St-Germain.

que vous avez à vous reprocher ; je puis vous être
utile.

— *Monsieur, j'en doute.*

— Quoi, vous n'avez pas le moindre soupçon
des raisons qu'a eues Mgr l'Archevêque ?

— *Non, Monsieur, mais j'espère les apprendre.*

— Comment ?

— *De sa propre bouche ; car je vais aller chez
lui.*

— Chez lui, il ne vous recevra pas.

— *C'est mon affaire.*

— N'allez pas ébruiter tout cela.

— *C'est encore mon affaire.*

— Vous prenez un ton depuis quelque temps !
vous jouez du prélat dans votre chapelle et dans
mon Église, vous confessez le Muséum (1), vous
distribuez les aumônes de M. Darcy (2), vous allez souvent à la maison de campagne de votre
père, et votre mère m'abhorre.

— *Monsieur, je ne sais ce que ma chapelle, le
muséum, les aumônes de M. Darcy, la maison de
campagne de mon père et les sentiments que vous
supposez que ma mère entretient pour vous, ont de
commun avec l'affaire en question. Si vous voulez*

---

(1) Je crois qu'il veut ici parler des employés du palais du Louvre. Du
moins en l'an II, quatre ans plus tard, appelle-t-on Section (district) du
Muséum, celle qui siégeait au Louvre. Elle est célèbre entre toutes parce
que c'est elle qui, sous la présidence d'un savetier bossu, était le conseil
suprême de la République Française. C'est là qu'aboutissent les dossiers
des 400,000 emprisonnés de France. C'est là que l'on condamnait des
jeunes filles de 15 ans parce qu'elles étaient suspectes de fréquenter des
suspects et de préférer la Société des « honnêtes gens » à celle des
« bossus sans culottes. »

(2) J'ai vainement cherché quel pouvait être ce généreux chrétien.

me faire la grâce de m'accompagner chez Mgr l'Archevêque, j'attendrai votre commodité.

— Non certes et comment aurez-vous la hardiesse de paraître devant lui ?

— *Monsieur, j'ai l'honneur de vous saluer.*

Il me serait impossible de rendre les différents sentiments qui se peignirent sur le visage du curé pendant cette conversation, l'air triomphant avec lequel il me dit qu'il n'en concevait pas les motifs mais qu'ils devaient être bien forts ; l'air ironique avec lequel il me demanda à quoi je me déterminais ; l'air hypocrite avec lequel il chercha à tirer de moi un aveu quelconque ; l'air protecteur avec lequel il s'offrit de m'être utile ; l'air hautain avec lequel il me fit subir un interrogatoire indécent ; son air déconcerté quand il vit que ses tentatives et ses offres n'aboutissaient à rien et que je lui dis que j'irais à l'archevêché ; son air dédaigneux quand il me dit qu'il ne m'accompagnerait pas ; son air assuré, quand il me dit que Mgr l'Archevêque ne me recevrait pas ; enfin son air gauche et furieux tout ensemble, lorsqu'il me dit: il y a longtemps que vous jouez du prélat, etc.

Je m'achemine donc, en le quittant, chez Mgr l'Archevêque qui, suivant la prédiction du curé, refuse de me recevoir, puis chez le curé de la sainte Chapelle, mon ami (1), qui était bien avec ce pré-

---

(1) C'était depuis 1784, Jean François Roussineau qui était ce qu'on nommait alors curé vicaire perpétuel, le véritable curé ou curé primitif était toujours Monseigneur le trésorier de la sainte Chapelle.

Le curé-vicaire n'avait juridiction paroissiale que sur les domestiques des chanoines de la Sainte-Chapelle et sur les habitants de la cour du Palais.

lat et qui s'offre de m'accompagner chez lui. Nous y allons. Il y a une longue conférence particulière avec lui, dont l'issue est que, puisque je m'obstine à ne pas quitter son palais, il faut bien qu'il me voie. Je suis introduit dans son cabinet où il me reçoit près de la porte. Notez que ma toilette avait souffert du message brusque que j'avais reçu le matin.

— Vos cheveux longs et à la débandade, me dit-il, m'annoncent qui vous êtes. Je suis étonné que vous ayez eu la hardiesse de vous présenter devant moi.

— Monseigneur, lui répondis-je, je me vois forcé de m'adresser à vous pour savoir les motifs de vos ordres, puisque celui qui me les a signifiés refuse de m'en instruire ; peut-être que lorsque vous m'aurez expliqué vos raisons et que j'aurai eu l'honneur d'y répondre, mes cheveux négligés ne vous paraîtront plus l'indice d'un homme indigne de son état.

— Quoi, Monsieur, vous ajoutez l'hypocrisie à votre mauvaise conduite et vous prétendez ne pas savoir ce qui vous a attiré mon indignation ! Eh bien ! le voici : vous êtes accusé d'avoir séduit plusieurs de vos pénitentes, de leur avoir prêté de mauvais livres, d'avoir tenu publiquement des discours contre la religion et les mœurs.

— De ces trois chefs d'accusation, Monseigneur, il en est deux dont il m'est difficile de me justifier parce que je ne vous comprends pas, l'autre porte sur un fait public ; voici comme j'y réponds : si une seule personne peut me convaincre d'avoir, je ne dis pas tenu un seul propos contre la religion et les mœurs, mais seulement d'y avoir souri soit en public, soit en particulier, je consens que vous me croyez coupable des deux autres dont je ne m'occuperai seulement pas de me disculper. En vérité, il sied bien de m'accuser de tenir des discours contre la religion et les mœurs, à un homme qui les offense journellement chez lui et en notre présence à tous (1). Monseigneur, s'il est permis de juger d'une personne de trente ans par la conduite qu'elle a tenue dès sa plus tendre enfance, j'ai peine à croire que vous en trouviez une dans tout votre diocèse qui puisse vous rendre d'elle même un compte plus favorable et plus circonstancié. J'ai été élève au collège d'Harcourt (2), au séminaire Saint-Sulpice (3) et aux Eudistes (4), tous mes supérieurs existent encore. Si votre Grandeur veut prendre des informations sur mon compte, elle verra si

(1) Cette insinuation ne saurait atteindre l'abbé Ringard. Nous n'avons rien trouvé dans les pamphlets contemporains et les rapports de police qui le rende suspect. Disons à son honneur qu'en 1792, il n'est plus en fonction ; il a été remplacé par le curé constitutionnel Corpet dont Rudemare nous montrera bientôt le vilain profil, et qui est sans doute le calomniateur en question.

(2) Le collège d'Harcourt, rue de la Harpe, renommé pour la « propreté de sa chapelle » tout autant que pour les bonnes études qu'on y faisait. C'était un des dix collèges de plein et entier exercice qui avait été conservé à l'Université de Paris, après la suppression de tous les autres en 1765.

(3) Saint-Sulpice, un des séminaires existant alors à Paris, était dirigé par l'illustre Emery qui avait succédé en 1783 à M. Le Gallic.

(4) Congrégation de prêtres séculiers fondée par le frère de l'historien Eudes de Mézeray. Elle avait alors son siège rue des Postes. Elle offrait une demeure décente et honnête « aux prêtres que leurs affaires appelaient à Paris. Il y avait là aussi un séminaire pour les novices de la congrégation ».

les accusations qu'on invente aujourd'hui contre moi ont l'ombre de la vraisemblance. Je suis assuré qu'ils seront tous aussi étonnés que moi, qu'on ait osé m'imputer une pareille conduite. Je ne sais par quelle fatalité il se fait que je sois forcé de récuser ici le témoignage du curé de Saint-Germain chez qui j'ai vécu cinq ans, quoique je sois assuré qu'il serait en ma faveur, s'il parlait suivant sa conscience.

— Vous avez donc des ennemis...

— Monseigneur, je ne le soupçonnais pas ce matin, maintenant je commence à le croire.

Alors il me conduit près du feu, me fait asseoir auprès de lui. Nous eûmes une conversation d'une heure dont le résultat fut qu'il ferait informer sur mon compte et que provisoirement je reprendrais mes fonctions.

Je fis part de ce résultat au curé qui me défendit de les reprendre. Le soir, on me demanda au confessionnal, je fis dire que je n'y pouvais aller ; à minuit on me vint éveiller pour un de mes pénitents qui se mourait, je n'y allai pas, j'envoyai Sardines.

Le lendemain, je rendis compte à Mgr l'Archevêque de la défense que le curé m'avait faite de reprendre mes fonctions, de ce qui m'était arrivé la veille et pendant la nuit et de la publicité que cette affaire commençait à acquérir, qu'en conséquence je me voyais forcé de lui demander une lettre ostensible dans laquelle mon innocence compromise se trouvât justifiée. Mgr l'Archevêque me dit que je pouvais me tranquilliser, qu'il me rendrait justice, m'ordonna de reprendre mes fonctions et finit par me dire de lui envoyer le curé.

Le lendemain je fus chez Mgr l'Archevêque avec le curé qui me recommanda le silence sur tout ceci et auquel je répondis que je le priais de ne pas s'inquiéter sur cet article. Au sortir de chez Mgr l'Archevêque chez qui je le laissai seul, le curé pâle et défait me répéta ce que le prélat m'avait dit la veille.

Dès lors je repris mes fonctions. Le dimanche suivant, je fis le prône auquel le curé assista derrière un pilier, je parlai sur les souffrances.

3 février. — Cependant j'attendais toujours que Mgr l'Archevêque me fit savoir le résultat de ses informations et, le 3 février, dimanche de la Quinquagésime, je lui écrivis la lette suivante :

« Monseigneur, permettez-moi de rappeler à votre Grandeur qu'elle m'a promis de faire informer sur mon affaire. J'ai toujours désiré et désire encore que les informations soient aussi promptes que rigoureuses. Il ne me suffit pas que votre bonté n'ait pas voulu me traiter en coupable ; il est essentiel que mon innocence ne trouve aucun nuage dans l'esprit de votre Grandeur, je la supplie cependant de me conserver toute son indulgence, mais dans toute autre circonstance que celle dont il s'agit ici. Je suis... ».

10. — Le 10, MM. Desforges et Roussineau (1)

______

(1) Roussineau est bien le curé de la Sainte-Chapelle. Pour Desforges nous voulons espérer que ce n'est pas Jean-René, qui fut curé constitutionnel de la paroisse Saint-Sauveur.

me dirent de sa part que je pouvais me tranquilliser, qu'il était convaincu de mon innocence et
qu'il me ferait réponse. Je rencontrai M. Pagès,
secrétaire de Mgr. l'Archevêque et ami du curé, à
qui je dis de rappeler à Mgr. l'Archevêque sa promesse.

— Ne comptez pas sur une lettre de Mgr. l'Archevêque, je vous réponds que vous n'en aurez
pas d'autres.

23. — Nous verrons, lui dis-je ; et le 23 j'envoyai cette autre lettre à Mgr. l'Archevêque :

« Monseigneur, je sens que je me rends impor-
tun en adressant une seconde lettre à votre Grandeur, avant d'avoir reçu réponse à la première,
cependant il y a trois semaines que je l'attends ;
daignez apprécier l'accablement affreux où me
laisse la prolongation de votre silence et vous
excuserez ma chaleur à poursuivre ma justification.

Si je n'eusse pas été votre diocésain au moment
où j'ai été écrasé sous un anathème auquel j'au-
rais préféré la mort, traduit devant votre Grandeur comme le dernier des scélérats, chassé
comme un monstre par un supérieur qui devait
être convaincu de mon innocence et la défendre, mon unique ressource, après avoir porté la
désolation dans le sein d'une famille qui n'avait
jamais voulu croire que l'innocence pût être couverte d'un opprobre semblable, eut été d'aller
cacher ma honte et mes larmes au fond d'une province, et de mourir de douleur parce que la ca-
lomnie la plus atroce avait arraché à votre zèle

l'arrêt le plus injuste ; mais la Providence m'a fait naître sujet de votre Grandeur et je m'en félicite, parce qu'y tenant à une famille d'une réputation, j'ose le dire, inattaquable, je me vois heureusement forcé de détromper votre religion qu'on a surprise et fondé à me promettre de vous voir prononcer en ma faveur.

« Je sais, Monseigneur, que la médiocrité de mes talents, à laquelle je suppléerai toujours par l'ardeur d'un zèle qui aime le ministère et le travail, ne me permet pas d'aspirer à des places avantageuses dans votre diocèse. Je n'y ai jamais prétendu d'ailleurs ; un patrimoine plus que suffisant a toujours été pour moi un motif de n'en pas désirer. Mais en renonçant à vos bienfaits, je ne saurais renoncer à votre estime, je me crois même en droit d'y prétendre, malgré la trame infernale qui me l'a enlevée un instant. Mais il est de ma prudence d'empêcher qu'on puisse me reprocher, que dis-je, me soupçonner de n'être pas innocent, puisque ma justification n'a pas été authentique.

« S'il importe, Monseigneur, à l'honneur du ministère qu'on en exclue les monstres, il importe autant à sa tranquillité que les calomniateurs soient reconnus et sévèremeut punis. Ce n'est pas que je demande qu'ils me soient dévoilés, le soupçon n'en est que trop cruel, et s'ils en sont encore susceptibles, je les abandonne à leurs remords. Je ne demande pas non plus qu'on guérisse la plaie profonde que la douleur a faite à mon âme, ce serait impossible, mais ce que je ne cesserai de demander à votre Grandeur, jusqu'à ce qu'elle me l'ait accordé, c'est ou de me permettre de confondre les infamies dont on m'a chargé, ou de m'assurer par un mot de réponse qu'elle est pleinement convaincue de mon innocence.

« Et je pouvais, Monseigneur, faire appuyer, en ce moment, ma demande par des hommes infiniment respectables, honorés de votre confiance que je n'ai pas cherché à intéresser en ma faveur tant qu'on eut pu présumer que j'avais besoin d'indulgence et dont je n'ai fait que suivre les avis en sollicitant si vivement votre justice ; je fonde pour l'obtenir tout mon espoir sur la piété et les vertus de votre Grandeur.

« Il est bien triste pour moi d'en être réduit à me laver de la plus abominable des profanations. Mais je dois de me justifier, à la religion, à mon état, à ma famille, à moi-même. Je vous le dois à vous aussi, Monseigneur, qui avez été trompé et l'affaire est trop cruelle pour que vous ne me pardonniez pas de la poursuivre avec tout le feu qu'inspire toute la fermeté que donne l'innocence. Je suis... »

9 mars. — Le 9 mars, Monsieur le curé me fit réponse de la part de Mgr. l'Archevêque qui le chargea de me dire qu'il regardait cette affaire comme non avenue.

17. — Enfin, le 17, je reçus de Mgr l'Archevêque la lettre suivante......... (je l'ai donnée à Desjardins qui ne me l'a jamais rendue (1).

(1) Cette note a été ajoutée au crayon en 1828. L'écriture paraît bien

16 Avril — Enfin, le mercredi 16 avril, je fis à Mgr l'Archevêque une visite dans laquelle après l'avoir remercié de s'être déclaré le défenseur de mon innocence, et lui avoir fait observer que dans cette affaire on avait fini par où on devait commencer et *vice versa*, je l'ai prié de vouloir bien prendre la peine de faire les informations lui-même et me citer aussitôt devant lui s'il arrivait que mes ennemis suscitassent sur moi un nouvel orage.

Mais il n'en fut rien, heureusement.

Cependant les assemblées primaires furent convoquées (2). Jusque là je m'étais trouvé à plaindre de n'avoir été témoin, dans toute ma vie, d'aucun fait qui put tenir sa place dans l'histoire. La suite de cette convocation a plus que surpassé mes désirs, pour ne pas dire qu'elle en a été la punition. Partout ces assemblées furent tumultueuses.

Je fus appelé, comme très petit prieur de Gentilly, à celle de Paris *extra muros*.

Pas d'ordre, de dignité et de décence dans ces

être la même que dans le cours du manuscrit. Il est évident d'ailleurs qu'une page a été attachée après les mots *lettre suivante*.

(2) Ces assemblées étaient chargées de nommer les électeurs qui rédigeaient un cahier des doléances et désirs de la circonscription ; ces électeurs devaient à leur tour porter au chef-lieu du bailliage ces premiers cahiers, les résumer et nommer les députés. Ceux-ci étaient uniquement chargés de faire valoir, pendant la durée des États-Généraux, les plaintes ou requêtes contenues dans ce cahier général rédigé au bailliage. Quelques-uns des électeurs primaires devaient leur titre à leur situation sociale — comme c'était le cas pour Rudemare — d'autres étaient nommés par l'assemblée des nobles, du clergé ou du tiers-état. Dans ce dernier ordre, les électeurs primaires nommaient un mandataire par 100 habitants, dans les villes, par 100 feux, dans les villages.

assemblées. Elles furent le digne prélude des scènes qui les ont suivies. On en devait et on en pouvait cependant attendre le plus grand bien ; il y avait tant de réformes à faire et d'abus à corriger que, malgré les scènes scandaleuses dont je fus témoin, j'osai le désirer et l'espérer.

Je dois peut-être aussi confesser, en passant, que mon interdiction prononcée sur la déposition d'un calomniateur dévoilé et sans aucun examen de la part de Mgr l'Archevêque, m'avait un peu disposé contre le despotisme et l'arbitraire des jugements ecclésiastiques.

1789

12 juillet. — Les États généraux s'assemblèrent (1). Tout le monde sait comment tout se passa jusqu'à l'affaire du 12 juillet 1789.

Le soir de ce jour, le tocsin sonna dans Paris. Pendant la nuit, des hommes de la figure la plus sinistre, armés de bâtons, d'épées, de fourches, de broches, de pistolets, de fusils qu'ils avaient volés chez les armuriers, couraient les rues de la capitale et répandaient sur leur passage l'épouvante et l'effroi. J'avais passé cette nuit chez ma sœur dans des transes immortelles (2).

---

(1) Le 5 mai 1789.

(2) Il y eut bien d'autres incidents dans cette journée du 12, des incidents qui préparaient la prise de la Bastille et l'installation définitive de la Révolution en France. C'était l'occupation de l'Hôtel de Ville par les

13. — Le matin suivant, les habitants s'assemblèrent dans leurs paroisses respectives. L'assemblée de St-Germain l'Auxerrois crut qu'il fallait opposer aussitôt une garde bourgeoise à cette horde de spectres tous plus hideux et plus abominables les uns que les

Electeurs de Paris qui, chefs de la Bourgeoisie parisienne, inauguraient le règne des bourgeois et l'omnipotence de la Commune parisienne. L'abbé Rudemare était lui-même un notable bourgeois ; il distingua dans le tumulte uniquement le mouvement populaire qui, sans le gouvernement révolutionnaire de l'Hôtel de Ville, eut été une simple émeute agrémentée de quelque pillage. « Cette avant-garde des premiers soldats de la Révolution se composait de 10 à 12000 brigands... qui entraînèrent avec eux les ouvriers oisifs, les gens sans état. Que l'on y joigne la lie de la foule grouillante du Palais-Royal, les plus effrontés d'entre les déserteurs, les plus valides parmi les 100, 000 pauvres inscrits à la *Charité* des diverses paroisses, les plus déterminés de cette masse de déclassés, de voleurs, de meurtriers, que l'on trouve en toute grande ville, et que les deux précédentes années de licence, de famine, de pillerie avait encore augmentée ; qu'on mette à la tête de cette armée quelques candides enthousiastes ou quelques ambitieux prévoyants, on se fera une idée de cette avant-garde des soldats de la Révolution.

Cette armée ainsi renforcée des prisonniers délivrés, demanda vaillamment des armes. On courut chez les armuriers que l'on dévalisa.

La nuit était venue, on força les marchands à illuminer. Puis, tandis que les plus joyeux se promènent par les rues, en tirant, sans méchante pensée, des coups de fusil contre les murailles, les hommes déclassés, les futurs orateurs de clubs, les futurs capitaines des Sans-Culottes, tiennent leurs États-Généraux sur la Butte-Montmartre. Là ils motionnent, pérorent, décrètent. Enfin, sur les trois heures du matin, ils se précipitent sur l'hôpital St-Lazare. On y délivre les malades, les fous comme les condamnés. On saisit chez le chirurgien les pièces d'anatomie et on commence la promenade du *cadavre de nos frères*, dont les républicains n'oublieront jamais les émouvants profits. D'autres, après avoir recueilli les objets précieux de facile transport, jettent au vent linge, livres, chartes, meubles, tableaux.

Après quoi l'on se précipite dans les caves où on s'enivre si consciencieusement que trente d'entre ces « frères et amis », incapables de boucher les tonneaux qu'ils ont ouverts et de quitter les lieux, y restèrent noyés dans une mare de vin. On les y retrouva le lendemain. On recueillit d'autres cadavres dans l'appartement de l'apothicaire ; les gourmets, dédaigneux des joies populaires, s'y étaient empoisonnés avec des drogues qu'ils avaient prises pour des vins de liqueurs. Les bonnes patriotes ne manquèrent pas dans les caves, elles se noyèrent comme de vrais hommes. » (CH. D'HÉRICAULT : *La France Révolutionnaire*.)

autres, et me députa, avec neuf laïques, pour aller porter aussitôt son vœu à l'assemblée de la commune et prendre son avis. Je partis en soutane, manteau et ceinture, environné de mes neuf co-députés, qui eurent toutes les peines du monde à empêcher que la nation, qui s'était déjà emparée du pouvoir exécutif, ne se saisit du calotin, dont elle parlait déjà de purger la capitale. Il me fallut répondre tout le long de la ville à leurs questions extravagantes. Si mes réponses ne les contentèrent pas, au moins ne les aigrirent-elles pas davantage.

De bonne foi, je me croyais à chaque instant à la veille d'être sacrifié, mais je pensai devoir accepter cette dangereuse mission (dont le curé et Corpet s'étaient excusés) pour savoir tout de suite ce qu'il y avait à attendre de cette populace effrénée, qui lâchait à tort et à travers des coups de fusil.

Arrivé à l'hôtel de ville, les satires qui me hurlaient leurs interpellations, au milieu du sifflement des balles de fusil, me firent l'honneur de me porter en triomphe sur un bâton qu'ils prirent à deux, jusqu'au haut de l'escalier. Quand j'y fus, je demandai à paraître devant l'assemblée.

Jusqu'à ce temps, le corps municipal avait représenté les communes (1). Mais les membres

---

(1) Cette nouvelle commune parisienne s'était recrutée elle-même. Elle se composait du *bureau des électeurs*. Ces électeurs, c'est-à-dire les notables parisiens choisis pour l'élection aux États généraux, s'étaient installés à l'hôtel de ville. Ils avaient décidé de ne pas se séparer et de

timides, enfermés dans une pièce voisine, n'osaient paraître et avaient cédé la place à ce qu'il y avait de plus commun et de plus vil dans les plus viles communes. Je demandai à parler au Prévôt des marchands, jusqu'alors chef du corps municipal (1) Il vint à moi. Je lui exposai le motif de ma mission et la nécessité de prendre sur-le-champ un parti. Il me répondit qu'il n'avait pas le droit de convoquer l'assemblée. Je lui représentai qu'il n'était pas possible que les choses restassent où elles en étaient et que je ne pouvais retourner sans avoir rempli ma mission. Alors il rentra dans l'appartement d'où je l'avais tiré et en sortit un quart d'heure après, environné des membres qui composaient précédemment le tribunal (2) et tout le monde entra pêle-mêle dans la Grande salle.

---

créer en quelque sorte de petits États généraux parisiens pour surveiller les États généraux de la France. Ce sont les premiers de *Nos Pères de 89*. Ils commencèrent par former un *comité permanent* composé d'abord de 14 personnes, la plupart *vénérables* de loges maçonniques et qui s'adjoignent quelques passants également *fils de la veuve et du triangle*. Ce fut la première des communes insurrectionnelles de Paris. Ces bourgeois ambitieux, solennels, habiles et grotesques, ne tardèrent pas à être, comme nous le montre Rudemare, avec une couleur presque shakespearienne, écrasés par la populace. C'était bien un résumé de « l'histoire de la Révolution » qui, commençant par le libéralisme bourgeois, finira par la terreur démagogique.

(1) Le Prévôt des marchands, grand personnage, conseiller d'État, etc; était le chef de la municipalité parisienne, le Président de la juridiction de l'hôtel de ville. Il était nommé par le roi, généralement pour 2 ans.

A cette date c'était M. de Flesselles qui va être assassiné le 14.

(2) Je suppose que ce que Rudemare nomme le *tribunal* est ce qui était officiellement appelé *Juridiction de l'hôtel de ville*. Elle se composait, outre le *Prévôt des marchands*, de quatre échevins que leur place anoblissait, d'un procureur du roi et de la ville, d'un greffier en chef et d'un trésorier également anoblis par leur charge. Le seul personnage qui se mette en lumière, à ce moment, est le procureur du roi Ethis de Corny, qui

Figurez-vous une pièce immense, décorée de grands tableaux et garnie de bancs disposés en amphithéâtre (3) et dans cette pièce une horde de scélérats demi-nus, ivres de vin et de fureur, tenant d'une main chancelante et mal assurée des piques et des fusils, de manière à nous laisser craindre à chaque instant d'être percés par la baïonnette, assommés par la crosse ou tués par le contenu du fusil; mugissant comme des bêtes féroces, écumant de rage, se cherchant à tort et à travers des victimes, sans savoir ce qu'ils voulaient, ni à qui ils en voulaient, assouvissant bêtement leur furie contre les personnages inanimés qui tapissaient les murailles, comme pour s'exercer aux meurtres du lendemain et des jours suivants, apostrophant les magistrats de la manière la plus dégoûtante, me faisant la grâce de vomir contre moi et l'habit jusque là respecté

avec Dussaulx, Moreau de St Merry, Thuriot et les autres notables électeurs et francs-maçons, conduisirent ce premier assaut de la Révolution. Ethis était un ancien et brave officier, chevalier de St Louis et de cet ordre de *Cincinnatus*, sur lequel Mirabeau nous a laissé un si curieux traité. Il avait rapporté d'Amérique cette sorte de républicanisme vague qui se cachait sous le nom de constitutionalisme et qui dirigeait également La Fayette. Nous les voyons l'un et l'autre, fort actifs dans cette poussée violente de la grande bourgeoisie contre l'Ancien Régime.

A côté de la *Juridiction* il y avait ce que l'on appelait le *corps de l'Hôtel de ville*, à la tête duquel se trouvait le Gouverneur de Paris ayant en sous ordre le Prévôt des marchands.

(3) Nous recommandons la lecture de ce passage, qui donne le plus vrai, le plus vivant, le plus saisissant, le plus dramatique tableau de la commune révolutionnaire. Je n'ai rien trouvé qui rende mieux l'idée de la première effervescence de la démocratie. En joignant cette vue de l'hôtel de ville en 1789 à la peinture qu'en fait Morellet en 93, et au récit que nous avons pu donner d'après les papiers inédits du Comité du Salut-Public dans la *Révolution de Thermidor*, on a toute l'histoire de la tyrannie communale, à ses débuts, à son apogée, et au moment de son dernier combat.

que je portais et contre le caractère auguste dont
j'étais revêtu, les blasphèmes les plus horribles
et les imprécations les plus affreuses, infectant
l'air de la salle de leur haleine et de leurs déjec-
tions fétides; offrant enfin un spectacle dont je
crois qu'il n'y a que l'enfer qui puisse être
l'image, et vous aurez l'idée de l'auditoire devant
qui j'allais avoir l'honneur de parler.

Le Prévôt des marchands, l'infortuné de Flesselles, qui fut massacré le lendemain, leur dit :

— Messieurs, nous n'avons jamais eu le droit
de convoquer une assemblée extraordinaire sans
des ordres supérieurs, mais les circonstances actuelles nous forcent à outrepasser nos pouvoirs.
Je convoque donc l'assemblée; mes fonctions sont
remplies, nommez vous un président.

Aussitôt un jeune homme, montant sur une table, pérora l'assemblée pour prouver qu'on ne
pouvait choisir quelqu'un plus digne de la confiance publique que M. de Flesselles et M. de Flesselles fut nommé, pour son malheur.

Il annonça alors une députation de Saint-Germain l'Auxerrois et nous fit signe d'avancer.
Nous avançâmes, et je lui exposai le motif de ma
mission d'une voix assez mal assurée, parce que
je sentais qu'il ne devait pas être absolument du
goût des assemblées.

— Ces messieurs, me dit-il, ne vous ont pas
entendu, ils vous prient de parler plus haut,
veuillez monter sur les gradins.

Je montai donc au milieu des sauvages, et leur
adressant très humblement la parole :

— Messieurs, leur dis-je, le district de Saint-Germain l'Auxerrois nous a fait l'honneur de nous députer vers vous pour vous présenter l'assurance de son entier dévouement et vous prier de lui prescrire vous-mêmes, la conduite qu'il doit tenir dans ces circonstances. Vous avez pu vous convaincre par vous-mêmes des vexations que souffrent tous les marchands de la part d'une foule de malveillants. Il est d'avis d'engager les bourgeois à prendre les armes et vous demande un plan général d'organisation (1)

Ils ne purent heureusement pas m'entendre à cause du charivari qu'ils faisaient. M. de Flesselles me dit qu'on allait s'en occuper sur-le-champ et qu'il invitait mon district à lui envoyer son plan, qu'on ferait provisoirement exécuter. Je n'en voulus pas savoir davantage ; et quittant la salle avec mes codéputés, nous descendîmes, puis traversâmes la Place de Grève, assaillis d'une

---

(1) On sait aujourd'hui que le mouvement était concerté. Les brigands, les pillards, les incendiaires des barrières, comme les destructeurs de la fabrique de Réveillon, étaient enrégimentés et payés aussi bien que beaucoup de soldats qui assistaient tranquillement à ces désordres. Il s'agissait pour les meneurs de la Révolution de créer une force armée qui fût pour eux une sorte de garde prétorienne, une armée qu'on put opposer aux troupes de ligne. Ce soulèvement factice des coquins qui pullulaient à Paris, fut le prétexte que l'on trouva pour pousser, par un mouvement irrésistible, les bourgeois et le peuple parisien à s'armer. L'invention des *Brigands*, de ces mystérieux brigands qui, en une journée, furent signalés sur tous les points de la France et que personne ne vit, produisit, en province, l'effet que les incendiaires du 13 juillet — ceux-ci réels — avaient produit à Paris. L'organisation de la franc-maçonnerie avait permis à cette fantasmagorie de brigandage de paraître instantanément dans chaque province de France, comme l'argent du Palais-Royal servit à soulever et à discipliner les pillards parisiens, de telle sorte qu'ils brûlassent ce qui était strictement nécessaire à l'établissement de la garde nationale.

RUDEMARE. — **Journal d'un Prêtre parisien** (1788-1792),
avec préface et notes, par M. Ch. D'HÉRICAULT. Paris, Gaume et Cᵉ,
éditeurs.

M. Ch. d'Héricault vient de publier le journal très authentique et
très curieux d'un prêtre parisien pendant les premières années de la
Révolution. Le prêtre, l'abbé Rudemare, était, à cette époque, vicaire
de Saint-Germain l'Auxerrois Les notes au jour le jour ont un
double objet et un double intérêt. Les premières et les dernières nous
retracent la situation du clergé paroissial à Paris, en 1789 et en 1792.
Il prend énergiquement le parti de refuser le serment à la constitution
civile du clergé. Se trouvant ainsi privé de toute fonction ecclésiastique publique, et poursuivi comme perturbateur de l'ordre, il part
pour faire un voyage dans le nord de la France et dans la Belgique.
Il y alla comme observateur très curieux de choses d'art, et c'est ici,
pour ainsi dire, la seconde face de ce journal, celle qui donne à cette
publication un intérêt à part : les notes de l'abbé Rudemare présentent comme un inventaire sommaire, mais exact, des richesses artistiques répandues dans ces contrées au moment où la barbarie révolutionnaire allait leur livrer un terrible assaut. Nous croyons qu'à ce
point de vue, le *Journal d'un Prêtre parisien* rendra un véritable service aux nombreux historiens qui s'occupent de constater les pertes
subies alors par les églises et les musées. L'abbé Rudemare rentra à
Paris à la fin d'octobre 1791. Il y vécut encore, guetté, traqué, insulté,
jusqu'au décret du 26 août 1792 qui bannissait les prêtres insermentés.
Il y a dans ce document bien des traits propres à nous éclairer au
milieu des difficultés de l'heure présente. Nous n'avons point besoin
de dire que M. Ch. d'Héricault n'a pas omis de les relever dans sa
préface et dans ses notes.
M. Ch. d'Héricault avait toute compétence et toute autorité pour
publier ce journal à peu près inconnu. La collection des Mémoires
historiques, qui s'est enrichie d'œuvres si remarquables dans ces derniers temps, compte un bon livre de plus.

L. MOLAND.

la Bastille dont je parcourus les cachots et les coins et recoins.

Les jours suivants, chaque district voulut avoir l'honneur d'assiéger un des magasins de l'arsenal (1). Le nôtre s'empara de deux pièces de canon, de 12 ou 1,500 boulets, des bombes, des moules à balles de fusil, à peu près 600 livres pesant de balles de fusil, des pioches, etc., ma chapelle fut dépositaire de tout ce butin. J'en fus nommé magasinier, puis membre du comité.

Le peuple cependant se fortifiait de jour en jour dans sa haine pour les prêtres contre lesquels on lui disait de tout oser, sans rien craindre, au point qu'il devenait nécessaire de se munir de pistolets. J'en achetai une paire qui me fit beaucoup d'honneur et commanda parfois un respect que mon habit n'inspirait plus. Qu'était-ce cependant que ceux qui nous poursuivaient avec les menaces et les imprécations les plus atroces ; c'était une foule de malheureux que nos charités de l'hiver dernier avaient appelés dans la capitale.

. Octobre. — Le 5 octobre (2) le roi fut ignominieusement amené à Paris.

Novembre. — Le 2 novembre, partit un décret qui mettait les biens du clergé à la disposition de

----

(1) Il méritait alors son nom : on y gardait des armes, on y fabriquait des canons et de la poudre. Les vers de Passerat qui en ornaient le fronton annonçaient qu'il défiait *giganteos feroces*. Il ne put même pas résister à l'héroïsme du district de Saint-Germain l'Auxerrois.

(2) C'est non pas le 5 mais le 6 que le roi fut amené à Paris. Il quitta Versailles à une heure de l'après-midi et arriva aux Tuileries à minuit, après avoir subi le voisinage des têtes coupées, l'enthousiasme des poissardes et les discours de Bailly.

la nation et aussitôt la rage du peuple contre le
clergé que les agitateurs n'avaient plus des motifs
d'alimenter, au moins pour le moment, s'arrêta.
Mais cette paix ne fut pas de longue durée. Bientôt nous ne pûmes plus paraître en public sans
courir les plus grands risques. Partout nous
étions un but aux satires, aux invectives et, très
souvent, aux coups de la nation.

1790

Janvier. — En janvier 1790, on supprima les
étrennes et les visites de cérémonie. Pas de dé-
guisement dans le carnaval cette année. Ils pen-
sèrent probablement que leur travestissement en
magistrats, en officiers généraux, et en souverains n'en devait pas admettre de nouveau.

21 Février. — Le 1er dimanche de carême, le
roi, la reine et Mme Élisabeth vinrent à l'office chez
nous. Le dimanche de la Passion, ils y vinrent
encore.

29 Mars. — Le lundi saint, la Reine fit ses Pâques chez nous.

30. — Le mardi, Mme Élisabeth.

31. — Le mercredi, Mme Royale fit sa Première
Communion ; M. le Cardinal de Montmorency,
évêque de Metz, dit la messe, fit un beau discours. La Reine, aussi simplement habillée
qu'une bourgeoise, en robe du matin, s'était
placée dans son banc. Elle assista à la cérémonie
avec toute la décence et la dévotion imaginables,

les yeux toujours fixés sur sa charmante enfant, qui y cherchait ce qu'elle devait faire dans une infinité de petites circonstances auxquelles elle n'était pas accoutumée (1).

4 Avril. — Le jour de Pâques, elle vint à l'office avec le Roi, la Reine et Mme Elisabeth.

13. — Le lundi, le Roi fit ses pâques.

3 Juin. — Le jour de la Fête-Dieu, le Roi et l'Assemblée nationale assistèrent à la messe puis à la procession. On ne peut mettre plus de mauvaise grâce, d'indécence, d'enfantillage et d'impertinence que n'en mirent une foule de députés qui ne savaient s'ils devaient et où ils devaient marcher pour ne pas compromettre leur dignité. Il y eut reposoir au Louvre et station aux Tuileries. Pendant tout le cours de la procession, le peuple qui garnissait les maisons par dessus les toits ne cessait de crier : vive le Roi. Je fis ce jour là à l'église une faute à laquelle toute l'Assemblée fut extrêmement sensible. Je ne fis pas encenser M. l'abbé Siéyès, alors président, avant le Roi.

Je fis dans l'été plusieurs visites à l'assemblée : toujours égal acharnement contre le clergé, toujours des discours dictés par la haine, l'intérêt, l'esprit de parti ; celui de Camus entre autres fut si violent qu'il inspira à la majeure partie de l'Assemblée des sentiments d'indignation (2).

---

(1) On connaît les admirables paroles que Louis XVI dit ce jour-là à sa fille.

(2) Ce Camus était un des cinq avocats du clergé de France. Il était renommé par sa connaissance du droit canon. Janséniste enragé il se

J'entendis celui-ci qui, le carême précédent ne quittait pas l'Église Saint-André, sa paroisse (1), qui, depuis 25 ans, avait reçu du clergé de France 25,000 fr. de rente, qui, depuis peu, avait juré devant ses commettants de maintenir comme un des articles fondamentaux de la nouvelle constitution, que la Religion catholique, apostolique et romaine continuerait d'être la seule dominante, dire effrontément à ceux qui avaient fait le même serment : vous êtes les maîtres d'admettre ou de rejeter la religion catholique.

27 Novembre. — Ce discours prépara au décret du 27 Novembre suivant, qui prescrit un serment, qui couvrit tellement de gloire les évêques qui reçurent ordre de paraître à la tribune de l'Assemblée et inspira tant de respect pour eux aux tyrans qui l'avaient prescrit, qu'ils ne purent soutenir ce spectacle jusqu'au bout (2). Ils n'avaient pas imaginé, les lâches, que la fermeté et le courage des dépositaires de la foi auraient pu tenir contre leurs menaces et celles de leurs soudoyés. En effet l'Église de France ne se montra peut-être jamais si auguste qu'à cette époque.

---

montra un des plus habiles persécuteurs du clergé fidèle. Dans cette campagne qui aboutit au schisme et à la persécution sanglante, il se fit le complice des voltairiens qu'il haïssait et des débauchés qu'il méprisait. Sa capture par le gouvernement autrichien, le 1ᵉʳ Avril 1793, lui épargna le choix entre l'apostasie et la guillotine.

(1) Il demeurait rue Guénegaud non loin de la maison où Napoléon Bonaparte allait abriter sa pauvreté.

(2) Cette scène admirable est décrite dans toutes les histoires de la Révolution. Il s'agissait de prêter serment à la *Constitution civile du clergé* sous peine d'être privé de toute fonction ecclésiastique publique et poursuivi comme perturbateur de l'ordre public.

« Vous ne pouvez douter de notre fidélité à la loi et au roi, leur disions-nous tous de concert, mais nous ne jurerons jamais de maintenir aucun des décrets qui attentent à l'autorité de l'Église, notre mère. Nous ne demandons pas, remarquez bien, que cette cité sainte étende son empire au delà des bornes que J. C. lui a prescrites, mais nous demandons que ce qui n'est pas l'Église ne domine pas dans l'Église et ne vienne pas bouleverser son gouvernement. »

Cette réponse devait nous attirer et nous attira en effet de nouvelles persécutions. Nous vîmes bien qu'il fallait nous disposer à parcourir la noble carrière de l'adversité. Nous l'envisageâmes sans frémir dans toute son étendue, et nous demandâmes à Dieu de la parcourir sans faiblesse.

5 janvier. — Le 5 janvier M^{mc} Dasse m'offrit un appartement dans sa maison, Cul-de-sac du Doyenné. Je l'acceptai, et je profitai de la semaine qui précédait la prestation de serment à St Germain l'Auxerrois, pour transporter mes meubles que les patriotes parlaient déjà de faire passer par les fenêtres. Le dimanche marqué pour la prestation du serment arriva. Je ne me présentai point. Le 1er vicaire, Corpet (1), jura avec 12 ou 15 autres. Cependant nous continuâmes toujours d'exercer nos fonctions jusqu'au remplacement (2).

---

(1) Nous avons parlé de ce personnage à plusieurs reprises.

(2) En principe, ils devaient être expulsés immédiatement, mais le nombre des jureurs fut incomparablement moindre que les révolutionnaires ne s'y attendaient, ils craignirent l'exaspération des catholiques, et ils tolérèrent momentanément la présence des prêtres fidèles.

24. — Je fis avec mon ami Angar (1) qui fut assassiné depuis, une retraite de 8 jours à Issy. Puis le 7 février, je partis avec M. Ambroise Guérin pour la Flandre dans une chaise de poste que nous avions achetée.

7 février. — Il se charga du département des subsistances et moi de celui des postes. Partis de Paris, à 1 heure 1/2, nous arrivâmes à 4 heures à *Beaumont-sur-Oise*, vieux fort miné; vue bien étendue; nous avons découvert une rivière débordée et beaucoup de neige; postillon mécontent de la Révolution. J'essaye de le réconcilier avec elle. Précautions de barricader avec des chaînes les rues qui servent de marché.

Au sortir de Beaumont, croix de 25 à 30 pieds au milieu de la route. Deux autres un peu moins hautes à des distances inégales. Sur le pied des dites croix, cause de leur érection : Trois dames domiciliées à Chambly désespéraient de revoir leurs époux partis pour la guerre. Elles s'attendaient de jour en jour à recevoir la nouvelle de leur mort, quand on leur en annonce l'arrivée. Elles volent à leur rencontre et à l'endroit où elles avaient embrassé leur mari elles font élever une croix, monument destiné à perpétuer le souvenir de la protection du Ciel sur leurs époux.

Entré à 7 heures dans *Beauvais*. Le Pont et l'entrée de la ville par la porte de Brêle sont circulaires pour en défendre plus aisément l'entrée.

---

(1) Je trouve un Angar qui est marguillier de Notre-Dame; je ne sais s'il est quelque chose à cet ami de notre héros, ami digne d'estime évidemment puisqu'il fut assassiné par les révolutionnaires.

Une partie des eaux du Thérain remplit les fossés du rempart, l'autre se répand dans la ville en plusieurs canaux. Hôtel de ville assez beau. Dans la grande salle, grand tableau représentant la ville sauvée par la bravoure de Jeanne Hachette et de quelques autres femmes. St-Pierre, cathédrale ; chœur réputé pour sa hauteur (218 pieds), sa longueur et la légèreté de son architecture ; pas de nef, le clocher est séparé de l'Église. *Sacerdotes ejus gementes* (1). La Paroisse St-Étienne ; grand vaisseau bien élevé, belle rose au rond point. Vitrage représentant le *Jugement Dernier*, un ange montrant le ciel aux élus, un desquels un peu nu. Deux jolis autels à l'entrée du chœur. L'un dédié à St Étienne, l'autre à St-Vaast ; la table de l'un soutenue par Luther, celle de l'autre par Calvin. Dans une des chapelles, un *Ecce Homo* ; une sainte tenant d'une main un bénitier, et de l'autre un aspersoir, le lui présente. La ville est dominée de toute part par des coteaux. Habitants, badauds tout autant pour ne pas dire plus qu'à Paris. Rencontre d'un chanoine aimable : M. Serpe. Logé à l'hôtel d'Angleterre ; gens honnêtes et honnêtes gens.

9. — Parti de Beauvais, le 9, à 5 heures du soir. Sorti par la porte de Noiremont. Baragouinage inintelligible des postillons. Ils nous ont donné un cheval neuf, apparemment pour le dresser, et 3 autres chevaux pour traîner la susdite bête que

---

(1) « Le clergé est mécontent de la *Révolution* » car je ne crois pas que *gementes* s'applique à l'éloignement du clocher.

nous avons été obligés de congédier. Arrivé à *Amiens* à minuit sans aucun accident qu'une console cassée. Descendu à l'Hôtel Royal des diligences. Superbe hôtel, quatre laquais pour nous recevoir. Logement bien propre, repas à 36 s. par tête et à 3 services de 5 plats, G. H. et H. G. (1).

La citadelle et les fortifications en assez mauvais état. Boulevards, promenade toujours sèche, bien aérée, belle vue. La halle neuve, bien construite, bien distribuée. La Somme traverse la ville, pont sur cette rivière qui par sa position paraît former un angle, quoiqu'il soit bien droit. Château d'eau ; le mécanisme consiste dans l'effet des roues excentriques. La cathédrale, nef superbe, hauteur 232 pieds. Architecture semblable au chœur de Beauvais ; longueur 366 pieds. La chaire soutenue par les vertus théologales est couronnée par un ange qui, d'une main, montre le ciel et de l'autre indique, dans un livre ouvert, ces mots : *hoc fac et vives* (2). Derrière le chœur, adossé à l'autel tombeau sur lequel un enfant qui pleure ; c'est un chef-d'œuvre. La rose du portail forme le cadran de 16 pieds de rayons. Au clocher une cloche de bois pour les Ténèbres. Beaucoup de mendiants. Très bien accueilli par la maison Acloque (3), au Petit Saint-Jean, village distant

----

(1) Gens honnêtes et honnêtes gens.

(2) Fais cela et tu vivras.

(3) Ces Acloque étaient, à Paris, à la tête de la bourgeoisie, un peu teintés de libéralisme mais fidèles à la monarchie comme à l'Église catholique. On sait le vaillant rôle que prit le commandant de la garde national Acloque, en juin et en août 1792.

d'une demie lieue, moulin à huile de colza. Quitté Amiens le 13, à 5 heures du matin.

13. — Passé à 9 heures du matin à *Doullens*. C'est une petite ville défendue par deux citadelles dont l'une commande à l'autre. Entendu la messe à la prison. Sur la route de Doullens à Arras, traversé le village de Pommera Sainte-Marguerite. La partie gauche où se trouve l'église est de Picardie, l'autre est de la province d'Artois. A peu de distance du village de l'Arbret, les eaux de pluie prennent une direction contraire à celle qu'elles tenaient auparavant: les unes vont se rendre à l'océan, les autres vers les mers du nord.

Entré dans *Arras* le même jour à 3 h. 1/2 ; descendu au *Griffon*, G. H. et H. G. Belle forteresse tracée par le maréchal de Vauban. Elle est placée à quelque distance de la ville. Elle est aussi plus basse qu'elle, ce qui la fait appeler *la belle inutile*. Sur la porte du fort qui regarde la ville on lit cette inscription : *Lud. Mag. Galliæ et Navarræ Regi, Atrebatum, paternæ simul et suæ gloriæ insigne monumentum, paternis armis Gallici juris factum suis...* Ici la sentinelle a fait au voyageur l'observation qu'on ne s'arrêtait point à lire aux portes (1). C'est à Arras qu'en 1415, on fit la première fois usage de l'arquebuse pour la défense d'une place. Il y a quelque cent ans que les Es-

---

(1) Il est évident que la sentinelle a empêché nos voyageurs de bien lire. Je traduis en tâtonnant « A Louis le Grand, roi de France et de Navarre, Arras, insigne monument de sa gloire et de la gloire paternelle, a été rangé sous les lois de la France par les armes paternelles aussi bien que par ses armes propres...

pagnols, à qui cette ville appartenait, avaient fait mettre sur la porte, appelée porte de Lille, cette inscription :

Quand les Français prendront Arras
Les souris prendront les chats.

Les Français prirent la ville et effacèrent de l'inscription la lettre *p*.

Cathédrale fermée, pas même de messe basse ; de onze curés, le seul de *saint Nicolas sur les Fossés* a juré. La ville paraît déserte, elle est généralement consternée et aristocrate, parce qu'elle est ruinée. Tout ce qui la faisait vivre n'existe plus: conseil supérieur, chapitre, abbaye (1). Dans les quartiers les moins déserts, un rang de boutiques et des logements dans les caves. Elles sont fermées en talus éclairées par des jours à fleur de terre et en manière de casse-cou pour les étrangers. Les habitants d'Arras sont polis, complaisants. Les femmes y portent, pour la plupart, trois aunes de serge sur la tête et sur les épaules au lieu de mantelet. Deux places dans le genre de la Place Royale à Paris. Une grande où se tient le marché au blé, une autre à l'extrémité de laquelle se trouve l'hôtel de ville. C'est un bâtiment gothique supportant un beffroi qui domine la ville et où reste toujours un veilleur chargé de répéter l'heure sur une autre cloche, sitôt qu'elle est sonnée.

Au milieu de cette petite place en face de l'hô-

(1) Le conseil supérieur d'Artois, le chapitre de la Cathédrale et l'abbaye de Saint-Vaast.

tel de ville, une petite chapelle auprès d'une pyramide assez élevée sous laquelle se conserve la sainte Chandelle. C'est une masse de cire d'environ 10 pieds de haut sur 3 de diamètre, enfermée dans une boîte d'argent ciselée et surmontée de plusieurs couronnes dans le genre de la pyramide où on la garde. Elle a été donnée par la sainte Vierge, dit la tradition du pays, à deux musiciens de la cathédrale, lors d'une contagion qui désolait la France (dans le xe siècle), sous le nom de Fièvre-des-Ardents.

Saint-Vaast, célèbre abbaye de Bénédictins. l'Église assez semblable à celle de Saint-Roch de Paris, mais elle n'est pas achevée. Elle a 243 pieds de long sur 96 de haut, la croisée est de 168 pieds. Belle bibliothèque, sous le scellé. Le trésor aussi dans lequel une châsse de saint Vaast (auprès de laquelle se lisait, dit-on, un distique qui ne donne pas une haute idée des poètes du temps et du pays).

> *Artrebatenses habent corporem sancti Vedasti*
> *Qui fuit egregius in bello contra Turcas* (1).

(Je ne l'ai pas lu).

La maison est vaste et magnifique : le cloître et les salles pavées en marbre. Une de ces salles sert de chapelle, beaux ornements. Superbes croix et chandeliers d'argent; moine aimable et complaisant qui m'a tout montré : *Dom Mathon.*

---

(1) Les Abrébates possèdent le corps de Saint-Vaast qui fut vaillant dans la guerre contre les Turcs.

Saint-Nicolas sur les Fossés, jolie église bien éclairée, pas de voûte, plafond peint en mosaïque, chaire en fer noir et doré, d'un goût léger, surmontée d'un recouvrement aussi en fer et sur lequel un ange tenant une trompette avec cette légende : *vox domini in virtute* (1), et au dossier de la chaire un médaillon sur lequel est écrit : *qui vos audit me audit* (2). Petit œuvre avec une bannière noire sur laquelle est un squelette brodé en blanc, la première de cette espèce que j'ai vu. On est à Arras dans l'usage d'en porter de cette sorte aux convois.

Saint-Jean en Ronville, joli autel, orgue ancien et bien ouvragé.

J'ai vu enfin la cathédrale, grâce au curé de Saint-Nicolas *en la Cité.* C'est un grand édifice en forme de croix, bien bas, bien sombre, soutenu par des piliers jumeaux assez délicats, tout pavés en marbre. A la place où la Sainte-Vierge a, dit-on, apporté la sainte Chandelle, on a érigé un autel ; c'est dans la croisée gauche. Le chœur est prolongé jusque dans la nef. Il n'y a de curieux dans cette Église que le baptistère situé dans la croisée droite. Il est posé sur un entablement soutenu par 4 colonnes et surmonté d'un petit dôme, on lit autour de l'entablement ces vers :

Quos anguis tristi frondis mulcedine pavit
Nos sanguis Christi fontis dulcedine mulcit (1617). (3)

---

(1) La voix du Seigneur en sa puissance.
(2) Qui vous écoute m'écoute.
(3) Le tour de force consiste à faire rimer chacun des mots du vers su-

Parti d'Arras le 16 à 1 heure 1/2, arrivé à *Cambrai* à 6 h. 1/2; passé sur trois ponts. L'Escaut baigne cette ville, Baragouinage d'un escogriffe qui nous a tendu la main en disant: A bonne voiture bon voyage. Sa pétition présentée au comité des subsistances. N'y a lieu à délibérer. Belle auberge au *Grand canard*. G. H. et H. G. Trouvé à la poste une lettre de ma sœur, timbrée 6 s. payée 7 s. et demi.

Une heure après, nous arrive, à la même auberge, Madame de la Mark (1). Grand fracas. Je parlais alors au cuisinier, un postillon entre, je lui demande si c'est la comtesse douairière, puis je me plains devant le même postillon qui me réplique aussitôt «Monsieur est-elle les maîtres!» Sur ce, monté chez moi. Écrit un billet à la comtesse, qui me fait prier de la venir voir et m'invite à la visiter à Tournai où nous devions nous rejoindre. Grande rumeur à son sujet. «C'est la reine, s'est-on dit de bouche en bouche,» et aussitôt deux municipaux et 24 fusiliers de venir pour la reconnaître. Madame était couchée. Pas d'audience. Ils font du bruit, un laquais paraît, ils veulent entrer. Le laquais de s'y opposer, eux de s'en saisir. On leur envoie les passeports. Mais c'est à la femme qu'ils en veulent. Ils les gardent cependant et le domestique aussi qui, depuis 16 heures, n'était pas descendu de cheval.

---

périeur avec le mot placé au-dessous de lui, ce tour de force est évidemment pour l'auteur plus intéressant que le sens : Le sang du Christ efface le mal causé par le serpent caché dans l'arbre de la science.

(1) Princesse d'Arenberg, grande d'Espagne.

Le lendemain visite du maire à la comtesse qui se plaint du peu d'égard qu'on a eu pour les droits de la liberté, de l'hospitalité, de la décence et de l'humanité. Le maire rend les passeports, promet de faire renvoyer le laquais, tire sa révérence et oncques ne l'ai vu. Matinée perdue.

La forteresse, belle, vaste, bien entretenue, bien élevée au dessus de la ville qui est fortifiée de bastions et entourée de fossés profonds surtout du côté de la citadelle qui est un pentagone régulier dont on a taillé les fossés dans le roc.

La cathédrale bâtie en 1149. Grande église assez sombre, bel antel à la romaine placé au milieu de la croisée, la chaire épiscopale au fond du chœur. Tous les piliers surchargés de monuments en pierre et en marbre, pas de portail au milieu. Au bas du pilier qui coupe le bas de la nef en deux, le tombeau de Jean Terclaes, évêque et prince de Cambrai, qui a laissé perdre le droit qu'avaient ses prédécesseurs de battre monnaie ; et pour cela chaque prélat, le jour qu'il prend possession du siège de Cambrai, donne 3 coups de pieds à son tombeau.

Dans la croisée, à droite, horloge faite en 1397 par un berger. Cette horloge marque (quand elle marche toutefois) le cours du soleil et de la lune, les signes du zodiaque, les mois, les jours, les heures et les minutes. Chaque heure est précédée d'un pieux enfantillage : un ange sonne 3 fois de de la trompette, sur une tête de mort, puis un livre s'ouvre qui offre ces mots : « Veillez donc

puisque vous ne savez, ni le jour, ni l'heure. »
Un ange salue la Vierge qui est de l'autre côté du
cadran, elle s'agenouille et croise les bras. Après
quoi les mystères de la Passion passent, en revue,
sur le cadran du haut ; l'heure sonne et tout est
dit.

Dans la première chapelle de la nef à gauche,
le tombeau de Vanderburk, ancien évêque : beau
morceau, derrière les stalles dans le bas côté, du
côté de l'Évangile, l'épitaphe de l'aimable archevêque de Cambrai (1), pas de monument.

Sous le chapitre, cave appelée *les Fours* ; c'est
un assemblage de bouches de fours bâties en briques et profonds de 6 à 7 pieds et dans lesquels
on dépose les corps des chanoines et chapelains.
Il y en a 250 et il n'y en a encore que 100 d'oc-
cupés.

Le clocher de cette église est bâti en pierre
blanche, sans charpente ni ferrure, percé à jour
de tout côté. Il est élevé de 350 pieds.

En entrant dans la cathédrale par la porte qui
avoisine l'évêché, on traverse un vestibule assez
semblable à un vieux temple, sur les murs duquel les sujets sacrés et profanes sont confondus.
Par un escalier de 52 marches qui se trouve à
droite, on monte à la paroisse de la cathédrale,
dont ce vestibule forme le dessous. Cette paroisse
dédiée à saint Gendulphe est la plus ancienne de
Cambrai. Ce n'est ni la plus belle, ni la plus propre.

---

(1) Il n'est pas difficile de deviner Fénelon.

L'Archevêché, un bâtiment gothique ; dans la cour, à droite, une espèce de cloître en pierre assez délicatement sculptée.

La paroisse de la *Madeleine* est d'une forme peu commune. L'Église du *Sépulcre* desservie par des Bénédictins. Charmante église, le maître autel décoré d'un beau devant d'autel en argent, 3 autres autels, un derrière le chœur, les autres dans la croisée. Dans cette croisée huit magnifiques tableaux : dans la partie droite : l'Institution du Rosaire ; une Visitation, une Annonciation et une Présentation de la Vierge. Dans la partie gauche : Jésus au Jardin des Olives; Descente de Croix ; Sépulture de J.-C. ; Résurrection. Dans la sacristie, est un Christ ; aux pieds des Anges qui fondent en larmes. Ces 9 tableaux peints en blanc, à la perfection du dessin joignent l'illusion la plus parfaite. Les objets y sont tellement détachés qu'on les prendrait pour autant de morceaux de sculpture sur les parties mates ou creuses desquels la poussière s'est arrêtée. Ces chefs d'œuvre sont de Guéraers d'Anvers. Ils sont là depuis 1760.

St-Grey, Collégiale, Église claire, élevée et plafonnée, derrière le chœur une épitaphe qui finit par *Apprecare, viator, ut æterna requiescat in pace* (1). Sur le maître autel des *Capucins,* Descente de croix de Rubens.

Perny, abbaye de femmes ; charmante église pavée en marbre, le chœur en était ouvert, les pauvres religieuses congédiées.

______

(1) Priez, passant, afin qu'il repose en paix.

La place de Cambrai est grande. Bel hôtel de ville et, près de l'horloge qui couronne le fronton, deux figures vêtues à l'espagnole qui frappent l'heure : Martin et Martine. Cette ville est peu peuplée et pleine de pauvres. Il est d'usage chez les boulangers, lorsque le pain est cuit, de souffler pendant une demi-heure dans un cornet à bouquin.

Parti de Cambrai le 17, à 1 heure, après une heure d'impatience contre l'ouvrier qui avait serré la vis de l'essieu au point que la roue ne pouvait tourner. Laissé *Bouchain* sur la gauche. Vers le milieu de la route de Bouchain à Valenciennes, chemin qui conduit à l'Abbaye de Denain, c'est un chapitre de chanoinesses qui portent un habit blanc en surplis et un grand manteau doublé d'hermine toute blanche. Elles ne font pas de vœux; lorsqu'elles ont envie de se marier, elles remercient le chapitre de l'honneur qu'on leur a fait de les y admettre. Elles se qualifient comtesses d'Ostrevent. C'est près de cette abbaye que s'est donnée la bataille de Denain, gagnée le 24 juillet 1712, par le maréchal de Villars. Au commencement de l'avenue de l'abbaye s'élève une pyramide triangulaire avec cette épigraphe :

> *Regardez dans Denain l'audacieux Villars*
> *Disputant le tonnerre à l'aigle des Césars* (1).

Arrivé à *Valenciennes* à 5 heures 1/2, descendu

---

(1) On sait de qui sont ces vers.

à la Biche. G. H. et H. G. L'Escaut arrose cette ville. Les rues en sont étroites, mal percées et toutes tortueuses. Son enceinte est irrégulière ainsi que sa citadelle qui est divisée en trois parties. Autour de la première règne un fossé rempli d'eau ; de la hauteur qui commande cette citadelle s'élève la seconde partie entourée d'un fossé plein d'eau, la troisième est un ouvrage du maréchal de Vauban. Ces trois parties se commandent l'une l'autre. Dans la grande place, où se trouvent l'hôtel de ville et la salle de spectacle, est le beffroi et la statue de Louis XV en pied. On y répète l'heure comme à Arras et à Cambrai.

Bel et vaste hôpital. On y fait de la dentelle plus belle et plus durable qu'aucune autre, avec bien moins d'épingles.

La paroisse de Notre-Dame, beau vaisseau, bien élevé, très propre, un double rang de galerie entre les arcades et les fenêtres. Le bas-côté règne même autour de la croisée, dont le milieu est plus élevé que le reste de l'église. La paroisse Saint-Nicolas, moins belle, aussi claire, bel autel, deux mausolés, un érigé à une femme par son mari, l'autre à une mère par ses enfants.

Parti de Valenciennes le 19, à 10 heures du matin, avec l'intention d'aller à Mons. Permission demandée au commandant. Observations de la part du postillon que la poste est plus chère dans le Brabant. Nous le payons d'avance 9 livres 12 sous pour poste 1/2 de Valenciennes à Quiévrain. Monté en voiture. Conférence entre le comité des postes et celui des subsistances, dont le résultat est que l'argent à ce jeu irait trop vite. Arrêté sur le champ que nous irions à Tournai et que nous y laisserions notre voiture pour courir le Brabant avec celles du pays. Notification au postillon de l'arrêté susdit par le département des postes, refus par icelui d'y obtempérer et obstination à courir malgré la sommation d'arrêter. Saut périlleux du département des postes en bas de la voiture et à la selle du postillon, où il se saisit de de l'ordre pour la poste de Mons et le fait changer en un ordre pour Tournai. Mauvaise humeur et impatience du postillon, qui annonce qu'il ne rendra point l'excédent de son dû. Signification du contraire. Le postillon de retourner prendre un troisième cheval, et moi de lui annoncer trois chevaux à 25 s., et 15 de guide. Il restait 5 sous nous appartenant sur ce qu'il avait reçu.

Arrivé à *St-Amand*. Nouvelle prétention du postillon en colère, à garder le tout. Visite de ma part au juge de paix, qui députe un huissier au postillon. Pendant cet intervalle le postillon injurie mon compagnon de voyage, le comité des subsistances, les filles du maître de poste et le maître de poste. Grande colère de ce dernier à ce sujet, dont le résultat est une volée de coups de poing, de pied et de quelques paires de soufflets reçus par le postillon qui, à l'arrivée de l'huissier, avait emboursé les coups, rendu ce qui m'appartenait, et se cachait de peur de pire derrière ses chevaux.

Le village de *St-Amand* est situé sur la Scarpe et est fameux pour son abbaye de Bénédictins.

Nous l'allâmes voir. Beaux bâtiments, belles cours, cloître pavé en marbre, tout cela n'est rien ; c'est à l'église que tout a été prodigué. Elle s'annonce par un petit portail qui se termine en une flèche. On entre dans l'église par le vestibule qui est sous cette tour. Sa voûte plate est percée dans le milieu pour le passage des cloches. On monte quelques marches et on se trouve dans la nef, rien de plus noble, de plus imposant et de plus majestueux à mon goût que cette immense basilique qui forme comme trois églises l'une au dessous de l'autre. Celle qui se présente la première est entourée d'une galerie avec bastions en fer cintrés d'un goût moderne. Dès l'entrée de cette église, on est frappé de la richesse du chœur et de l'autel de l'église supérieure qui se présente en perspective et de la majesté de l'escalier de marbre noir qui y conduit. Les bas-côtés règnent autour de la nef et de la croisée.

Arrivé au milieu de la croisée, on voit, avec une surprise mêlée d'admiration, au dessus de sa tête, un double dôme éclairé d'un double rang de fenêtres et peint à fresque. Puis à sa droite et à sa gauche deux superbes chapelles de l'église supérieure supportées par les arcades du fond de la croisée et sous lesquelles se trouvent aussi deux autels, dont celui à droite sert de paroisse.

Entre l'escalier royal et le premier pilier à droite se trouve la porte qui ferme l'ancienne église du monastère. Elle est sous le chœur de l'église supérieure et ne présente rien d'intéres-

sant que les figures et les tombes de quelques-
uns des abbés et des moines dont elle est la sépulture. Dans une chapelle à gauche est un puits
dans lequel les Normands jetèrent les cadavres
des religieux qu'ils massacrèrent dans l'église in-
férieure qui n'occupe que le dessus de l'escalier
royal et dans laquelle on descend par 8 ou 10
degrés.

Au milieu de cette petite église, qui est celle
où furent égorgés ces moines en 882, le jour de
la Pentecôte, se voit leur tombeau élevé de deux
pieds de terre et un autel où saint Amand offrait
le Saint Sacrifice.

Il y a là dans cette église au moins six pouces
d'eau. Observez, en passant, que Saint Amand est
situé dans un marais à fleur d'eau et que toute l'abbaye est bâtie sur pilotis. Montant l'escalier royal,
on arrive à l'église supérieure et à la grille du
chœur. Les stalles sont en bois de chêne et sculp-
tées magnifiquement.

Beau sanctuaire, autel richement orné; les huit
piliers qui sont autour et au derrière de l'autel
ont tassé, il y a quelques années, de deux pieds,
mais si uniformément que l'architecture et la dé-
coration n'en n'ont presque pas souffert. En sortant du chœur, du côté de l'Évangile, on aperçoit bientôt ce tassement, les soubassements des
colonnes sont enfoncés.

Derrière cet autel, au rond-point de l'Église,
un second chœur appelé le chœur de la Vierge sur
l'autel duquel on voit un tableau de Vandyck représentant la Vierge ayant dans ses bras l'enfant

Jésus qui se joue sur son berceau. Sortant de cette chapelle du côté de l'Épître, on fait le tour du chœur et, après avoir rencontré un tableau qui représente l'Enfant Prodigue déguenillé, on approche d'un autel dédié à la sainte Vierge. Il est décoré d'un tableau de Rubens, divisé en deux parties sur l'une desquelles saint Étienne prêchant, sur l'autre saint Étienne mort. Le dit tableau est peint sur bois et monté sur pivot comme le sont beaucoup en cette province, et sur son autre face une *Annonciation*. Un caractère distinctif de ce tableau est que la sainte Vierge est debout dans l'attitude d'une femme qui marche, et qui, entendant du bruit dans sa chambre, se retourne avec surprise en écartant de la main gauche son voile et en retenant de la droite une riche draperie violette. La seconde femme de Rubens, lui a servi de modèle.

En continuant le tour de l'église par cette belle galerie pavée en marbre et plus vaste que les bas-côtés de l'église du milieu au-dessus desquels elle est située, on passe derrière un beau buffet d'orgue soutenu par une arcade de bois de chêne, appuyé par six piliers jumeaux et disposés en perspectives. Puis on se trouve de l'autre côté de l'église, dans une galerie parallèle à celle qu'on vient de passer : arrivé à la croisée gauche de l'église on voit sur l'autel de la chapelle Saint Étienne, un tableau représentant le martyre de ce saint peint par Rubens et changé de toile, ce qui en a probablement altéré le coloris. Ce sont ces deux autels qui font de la grande église par laquelle on entre, un si surprenant effet.

A côté de cet autel se voit un chef-d'œuvre de Paul Véronèse. C'est la Madeleine lavant les pieds du Sauveur.

Cette église a été bâtie sous la régence de Nicolas Dubois, soixante-seizième abbé et qui en a été l'architecte. C'est le cardinal d'Yorck, fils de Jacques Stuart roi d'Angleterre, qui en est actuellement abbé.

A trois quarts de lieue du village, en sortant par la porte de Condé, dont on laisse le chemin sur la gauche, on arrive à la fontaine et aux boues de Saint Armand. De ce sale et abominable marais on a fait une habitation qui n'est pas sans mérite. La surface du terrain où se prennent les boues est divisée en forme de baignoire, dont chacune est recouverte de cerceaux pour supporter des draps. Ce lieu est disposé et vitré comme une serre chaude. L'endroit où se baignent les soldats et les pauvres est divisé en petits carrés suffisants pour s'y plonger verticalement c'est-à-dire debout. Ces boues suintent continuellement. Près de ces boues sont les sources et les fontaines. Trois sources coulent perpétuellement dans un réservoir qui se décharge dans un fossé. Deux de ces sources n'ont presque pas de goût, l'eau en est tiède, la troisième qui passe à travers les boues en conserve la saveur désagréable et fait jaunir l'argent aussitôt. Au dessus de ces sources, on a construit un grand salon et à côté, un grand bâtiment assez semblable à une caserne ; on lit sur ce bâtiment cette inscription :

Cette fontaine, cultivée autrefois par les Ro-

mains, négligée ensuite et ignorée jusqu'à nous, enfin reconnue à ses effets merveilleux, mais presque inaccessible et confondue dans un marais, a été réparée, bâtie et embellie d'avenues pour l'utilité publique, sous le règne de Louis le Grand, par les ordres du maréchal duc de Boufflers, colonel du régiment des Gardes françaises et gouverneur général de Flandre, l'an 1698.

De retour à la poste, itératifs remerciements au maître de poste. Il est, lui, ainsi que sa famille, on ne peut plus honnête. Il nous a donné trois chevaux à trois escalins chaque (l'escalin est de 12 s. 10 d.) les deux postes ont donc été 13 liv. 5 d. y compris 2 liv. de guide.

A *Maulde*, dernier village de France, demande et exhibition de passeports. Le petit ruisseau et le pont qui sont à la sortie du village, limites de la France et des Pays-Bas autrichiens. Une demi-lieue plus loin, visite de notre vache et de nos valises par les commis de l'empereur. On les a plombées et on nous a donné un certificat de visite; à la porte de *Tournai* où nous sommes arrivés à 4 heures, visé le certificat et descendu à l'*Impératrice*.

Visite à la comtesse de la Marck qui occupait le même hôtel. Le 20, dimanche de la Septuagésime entendu à la cathédrale la messe du curé de St Séverin (1). Déjeuné chez le curé de St Gervais (2), dîné chez Mme de la Marck

(1) C'était l'archiprêtre Cantuel de Blemur remplacé a St Séverin par un prêtre jureur, Leblanc de Beaulieu.
(2) L'abbé Veytard remplacé par l'abbé Chevalier.

avec Mme de Berenger ; gagné dix francs au domino.

Cette ville est la capitale du Tournaisis. Sa citadelle, avant qu'elle fut détruite, était une des plus fortes et des plus belles de l'Europe. Cette ville n'offre pas grand'chose de remarquable. L'Escaut la traverse. Elle a quatre ponts : Le pont de Fer, le pont Notre-Dame, le pont à Pont et le pont de l'Arche. Deux cents familles françaises étaient refugiées dans cette ville.

La cathédrale est bâtie à mi-côte, de sorte qu'on y monte d'un côté, on y entre de plein pied, d'un autre ; et on y descend d'un troisième. L'intérieur de cette église est coupé à l'entrée par une colonne devant laquelle une figure en marbre représentant J.-C. et au bas ces mots : *Per me si quis introierit salvabitur* (1). La croisée de cette église est superbe, toute revêtue de marbre. Dans icelle, deux beaux autels dont les croix de bronze, sont montées sur un globe de marbre, les chandeliers de marbre garnis de bronze, sont ciselés et dorés. Sur ces autels deux beaux tableaux. Celui à droite représente une Sainte Famille, celui à gauche un saint André, tous deux en grisaille. Toutes les chapelles de cette église sont richement décorées et remplies de tombeaux de marbre et de bronze.

Derrière les stalles du chœur, dans le bas côté de l'épître, une épitaphe et au bas, quatre génies, le premier écrit nos actions, le second mesure le temps, le troisième pleure le temps perdu, le

____

(1) Celui à qui j'ouvre l'entrée, sera sauvé.

quatrième annonce qu'il n'y a plus de temps. Près de cette épitaphe, une autre au bas de laquelle Jésus-Christ sur les genoux de sa mère, saint Jean et une Sainte Femme à ses côtés. Superbe groupe en marbre. Sur les deux côtés de ce groupe des anges tenant les instruments de la Passion.

L'abbaye de St Martin, belle église, couvent de bénédictins. Dans la chapelle de la Vierge, saint Martin, après avoir bu, présente la coupe à un de ses moines. Derrière le grand autel, les noms des anciens abbés de ce monastère et au bas : *apprecare, viator, ut quorum nomina hic exarantur in silice, scripta inveniantur in libro vitæ* (1). Dans le cabinet de l'abbé, belle collection de tableaux. A Tournai, le St Sacrement est porté aux malades sous un dais d'étoffe, à quatre supports. Il est précédé et suivi de beaucoup de peuple portant des flambeaux et chantant le *Miserere* en allant et le *Te Deum*, en revenant.

Quitté Tournai, lundi 21 à cinq heures du matin. Laissé notre voiture et sa vache à l'*Impératrice* et parti pour Bruxelles par la diligence à raison de 15 escalins (2) et 4 sous par place. Traversé *Leuze* ; dans ce bourg, collégiale de St Pierre, beau vaisseau, autel à la romaine de marbre blanc et à double face, décoré de beaux chandeliers dorés et de leurs médaillons en marbre pour devant d'autel. Celui qui regarde la nef représente le sacrifice d'Abraham, l'autre

---

(1) Prie, voyageur, afin que ceux dont les noms sont ici gravés dans la pierre se retrouvent au livre de vie.

(2) Monnaie d'argent valant normalement sept sols de notre monnaie.

celui de Melchisédec. La chaire en bois et située entre deux piliers est d'un goût et d'une exécution originale. Une grotte la soutient. St Pierre à genoux prie et pleure devant cette grotte. Deux palmiers servent de soutiens à une draperie qu'un ange attache d'un arbre à l'autre. La double rampe est formée de branches entrelacées de vignes et de plantes grimpantes. Un ange, sur la gauche, présente un Christ au prédicateur tandis que de l'autre un coq ouvre le bec comme pour chanter.

Traversé *Ath*, ville entourée d'un cordon bien entretenu ; *Enghien,* à l'entrée duquel un joli pont avec deux escaliers pour descendre au rivage ; *Hall,* dans laquelle une église dédiée à la Ste Vierge et où se font beaucoup de pèlerinages. Rencontre dans la diligence d'une aimable anglaise, femme d'un orfèvre de Tournai, qui a eu longtemps les pieds crus (1), qui a égayé le voyage et qui a bien voulu se charger de notre voiture : Mme Delvines, rue des Capucins, vis-à-vis la poste aux chevaux.

Arrivé à *Bruxelles* à 8 heures. L'aigle de l'empire qu'arborait notre voiture n'a pas du tout le vol rapide. Descendu à la *Maison rouge*. Dieu vous garde d'y descendre. De là, à un estaminet ou café. Rencontre d'un hussard qui a fort insolemment fixé, suivi, examiné, dévisagé M. Guérin. Grande rage du hussard à la vue du signe de la liberté et de l'égalité conquises, du bouton national. Ses questions aux voyageurs, son im-

____

(1) Qui a beaucoup voyagé.

pertinence. Il l'a poussée jusqu'à regarder sous la redingote de M. Guérin. Grande prudence des voyageurs, retraite honorable d'iceux. Changé dans ce café 9 livres de France pour lesquels nous avons eu 14 escalins (1). C'est un peu plus de 12 sols 10 deniers par escalin. Il y a conséquemment un petit avantage à changer 9 livres. On dîne très bien à Bruxelles pour 2 escalins, et on est assez bien couché pour un.

Bruxelles, sur la rivière Senne, de fait capitale des Pays-Bas autrichiens — quoique ce soit Louvain qui en a le titre — se divise en haute et basse ville ; ses remparts intérieurs font une promenade agréable de deux petites lieues, sous une ou plusieurs avenues, avec une belle vue de l'un et de l'autre côté ; si on en excepte le boulevard de la porte de Hal à celle d'Anderlecht, qui est rabotteux et sans arbres. Bruxelles n'est pas fortifiée, elle n'a qu'un fossé et de misérables portes. Elle renferme de vastes et beaux édifices, un parc et des promenades très agréables. Dix belles places, des rues larges, bien percées, beaucoup d'églises bien décorées, une bibliothèque de 60 mille volumes; 4 bassins, ils étaient hérissés de mâts; de grands quais; 3 ou 400 rues, 15,000 maisons et de 90 ou 100,000 habitants.

21 fontaines publiques dont une, célèbre de temps immémorial, est connue sous le nom bizarre et dégoûtant de Mannekenpis. C'est un enfant de

---

(1) Nous avons donné la valeur légale de cette monnaie, valeur que les circonstances avaient modifiée, comme on voit.

bronze de deux pieds de haut et tout nu ; on le qualifie de premier bourgeois de Bruxelles. Ce petit babouin a attiré les regards et les bienfaits de plusieurs souverains qui l'ont décoré de beaux habits dont on couvre, les jours de procession, ce que cette figure a de moins indécent. Louis XV lui a donné le Cordon bleu, en 1747, pour réparation d'injures que des soldats français lui avaient faites.

Il en existait, il y a quelques années, une autre connue sous le nom de *Fontaine des Trois Pucelles*. C'était trois figures de pierres adossées qui jetaient de l'eau par les mamelles. Elle n'existe plus à présent.

La maison de ville est d'une architecture gothique, elle est carrée et renferme une grande cour de même forme. Dans cette cour sont deux fontaines ornées chacune d'une statue en marbre blanc, celle de droite est la plus belle. Cet édifice est surmonté d'une tour de 341 pieds de hauteur et tenant lieu de beffroi. Elle est d'un goût léger, d'une beauté achevée et surmontée d'un St-Michel en bronze doré et de 17 pieds de haut. L'horloge de cette tour, comme toutes celles de la ville, au lieu de sonner la demie, frappe l'heure qui doit suivre, mais sur un timbre différent, en sorte que les étrangers ne savent trop ce que cela veut dire. A toutes les heures de la nuit, on sonne de la trompette comme à Tournai.

La face de l'hôtel de ville est percée de 40 fenêtres et entre chaque fenêtre est une niche. En face de l'hôtel de ville est un édifice appelé la *Maison du roi*. On y entre par un perron garni

d'une balustrade auquel conduit un escalier orné
de deux vases antiques et au-dessous deux fontaines. Autour de la place sont les maisons des
corps et métiers dont la plupart ont des façades
décorées de scuplture où la dorure remplace
souvent le bon goût. Celle des brasseurs porte
sur son sommet la statue équestre de Charles de
Lorraine.

Sainte Gudule, église collégiale et paroissiale,
bâtiment gothique, voûte assez élevée, à chaque
pilier une statue. Il est assez d'usage dans ce
pays de placer ainsi les 12 apôtres.

Vers le milieu de la nef est la chaire en bois
bien sculptée. A la base, on voit Adam et Ève, de
grandeur naturelle, et qu'un ange chasse du Pa-
radis terrestre ; dans la partie gauche la Mort qui
les poursuit. Ils paraissent soutenir le globe qui
forme la chaire. Ce globe est appuyé sur un arbre
qui s'élève fort haut et sur la cime duquel est un
baldaquin que soutiennent un ange et la Vérité représentée sous la figure d'une femme. Sur ce baldaquin est posée la sainte Vierge tenant l'enfant
Jésus. Au bas de la chaire deux escaliers formés
de branches d'arbres entrelacés de lierre et sur
lesquelles reposent différents animaux ; du côté
d'Adam, l'autruche, le renard et l'aigle, du côté
d'Ève, le paon, le perroquet et le singe. Au milieu du chœur est le tombeau de Jean II, duc de
Brabant. Sur ce mausolée est couché un lion d'ai-
rain, appuyé sur l'écu de Brabant et pesant
6,000 livres.

Dans la croisée gauche, la chapelle du *Saint*

Sacrement des Miracles. Le tabernacle est d'argent massif ainsi que le devant d'autel. Au pied de cet autel furent enterrés l'archiduc Albert, en habit de récollet, et l'Infante Claire, en habit de Clarisse. Sur un petit autel à droite, en entrant dans cette chapelle, on voit un excellent tableau de Rubens, il représente saint Pierre recevant les clefs de Jésus-Christ. Ce tableau est bien soigné, supérieurement dessiné et aussi frais que s'il sortait de dessous le pinceau.

Dans la croisée droite, la chapelle de *N.-D. de la Délivrance*. Le tableau de l'autel, qui est une *Assomption*, est de la plus belle composition. L'effet est tel qu'on croit voir la Vierge s'élever et prête à disparaître. En face de cette chapelle est un tableau : Néhémie offrant un sacrifice consumé par le feu du Ciel ; et à côté le tombeau d'Anna Schotten, au dessus duquel on voit son portrait peint par Van Dyck. C'est un des meilleurs tableaux de ce maître.

C'est dans cette église que se conserve le St-Sacrement des Miracles, dont la fête se célèbre solennellement le 3e dimanche de juillet, en réparation des outrages faits par les juifs à des hosties consacrées. Le ministre plénipotentiaire y assiste avec la Cour, les Conseils et tous les corps de la ville. L'ostensoir où sont déposées ces hosties est de la plus grande richesse et couvert de diamants. Il est exposé à la chapelle, tous les jeudis à midi.

La Place Royale est un carré long entouré de huit grands corps de bâtiments dont six sont isolés. L'espace entre les deux autres est rempli par l'église St-Jacques de Caudenberg. Le portail de cette église offre six grosses colonnes qui forment un portique élevé de terre. Le bas-relief du frontispice représente un prêtre offrant les Saints Mystères ; de chaque côté de la porte de l'église une statue colossale : David à droite et Moïse à gauche. Cette église simple, claire et noble ; à chaque côté de l'autel une belle statue : de l'un (1), l'Ancienne Loi sous la figure d'une femme qui tient les Tables de la loi; de l'autre, la Nouvelle Loi sous la forme d'une femme qui tient un calice.

Aux quatre coins cette place est terminée par des arcades, et au milieu est la statue pédestre du duc Charles de Lorraine.

Mercredi 23, vu la parade en présence du général Bender.

Le palais royal ou la Cour, château qu'habitent les gouverneurs généraux des Pays-Bas ; façade passable; au bas du grand escalier un Hercule colossal. Les appartements sont beaux, les parquets surtout, en marquetterie; deux grandes pièces sont revêtues, l'une d'une boiserie en laque, l'autre de deux grands tableaux de la longueur de la pièce et en bois de rapport. L'un représente une bataille d'Alexandre, l'autre la continence de Scipion, ils ont couté 36,000 souverains. La chapelle est gentille. On dit qu'elle ressemble en petit à celle de Versailles, et moi je dis que non.

(1) De l'un des côtés.

Le parc qui avoisine le château est une des plus belles places et des plus jolies promenades qu'on puisse voir ; il est bien dessiné et décoré de massifs, pièces d'eau, parterres, groupes et statues. La Madeleine est une des bonnes. Ce parc est entouré de maisons. La façade de l'hôtel du Grand Conseil de Brabant est vis-à-vis avec la grande allée dont elle borne la vue.

La bibliothèque est un bâtiment carré en pierre de taille, entre le parc et la rue Isabelle. L'intérieur en est bien propre.

La grande place du *Sablon* est vaste et bien percée ; au milieu se trouve une fontaine ornée d'un groupe en marbre blanc de Gênes. La petite place du *Sablon* est bornée d'un côté par l'église *N.-D. des Victoires* et de l'autre par les Carmes Déchaussés. Dans l'église de ces derniers est, sur le grand autel, un tableau de Rubens représentant l'*Assomption de la Ste-Vierge*. Les apôtres se baissent sur le tombeau, ils paraissent partagés entre le désir de l'examiner et celui de regarder ce qui se passe au-dessus de leur tête ; les autres paraissent livrés à des sentiments de surprise et de joie en voyant la sainte Vierge que des anges portent au ciel. Chaque tête de ce tableau a un caractère particulier, c'est une des plus belles pièces de Rubens. Les enfants qui ornent les confessionnaux de cette église sont pleins d'expression.

Dans l'église de *N.-D. des Victoires,* belle chapelle sépulcrale dans laquelle un mausolée de marbre noir. La Vertu, sous la figure d'une

femme, tient en main une chaîne d'or, le Temps
s'en saisit et la tire pour forcer la Vertu à le suivre. Celle-ci est immobile, parce que l'état de la
Vertu est la tranquillité. Il y a bien de l'expression, du caractère et de la vérité dans la statue
qui représente le Temps. Aux quatre encoignures
d'une chapelle qui tient à celle-ci sont placées 4
statues formant chacune un groupe avec leurs ac-
cessoires. Ce sont la Foi, l'Espérance, la Charité
et la Vérité assises. La Foi est supérieure aux autres, elle est représentée un calice à la main gauche et ayant sur les yeux un voile que l'artiste a
rendu si transparent qu'on aperçoit ses yeux à travers. Il y a dans cette église un beau *Jugement
dernier*, une Ste-Barbe conduite au supplice, et,
dans la sixième chapelle à droite, une Madeleine assise les bras tordus, le pied droit posé sur
une boîte de bijoux qu'elle repousse; la draperie
qui la couvre est de satin gris, près d'elle est debout une fille qui regarde sa maitresse du coin de
l'œil et qui n'a pas du tout l'air d'être du même
avis.

L'église des Capucins est belle pour une église
de capucins, sur le maître-autel une *Descente de
croix* de Rubens. On y a introduit, par une com-
plaisance ridicule, un St-François.

Dans la paroisse *N.-D. de la Chapelle* la chaire,
surmontée d'un recouvrement immense, est soutenue par les évangélistes; du haut du recouvrement pend un Christ tout ensanglanté.

L'église des Grands-Carmes est grande et claire.
La composition du maître-autel en est singulière.

le buffet d'orgue est placé au dessus. La chaire est un beau morceau de sculpture. C'est un roc dans le creux duquel se tient caché le prophète Élie pour se dérober à la colère de Jézabel, un ange lui apporte à manger, deux palmiers, appuyés sur le soc, soutiennent un rideau que des anges soulèvent. Les ornements de cette chaire ne sont ni bizarres, ni confus. L'escalier par lequel on y monte paraît taillé dans le roc.

Le Béguinage est un établissement religieux peu connu hors des Pays-Bas. Les béguines font un vœu simple de chasteté et s'assujettissent à une règle qui ne les oblige que tant qu'elles y demeurent. Elles peuvent le quitter et se marier, elles ne sont astreintes qu'à peu d'offices, elles sortent seules et reçoivent chez elles qui leur plaît. Leur terrain est vaste et entouré de murailles qui, dans quelques parties, sont défendues par un fossé. Chaque béguine a sa maison particulière et presque toutes un jardin. Cette enceinte peut contenir 5oo religieuses, elles jouissent de leur patrimoine et vivent en particulier. Le portail et le maître-autel de leur église sont d'une belle architecture.

Il y a 15 ou 16 marchés à Bruxelles, on vend publiquement par toute la ville des cercueils de toute mesure.

Bureaux des postes mal administrés. Chaises des églises en bois. On se sert d'échelles pour allumer les réverbères. Les femmes portent par dessus leur mantelet des faies d'étoffe d'Anvers.

Les chiens remplacent ici quelquefois les chevaux et traînent des charriots chargés de deux hommes, quatre tonneaux et un baquet rempli de poisson. L'attelage pour cette charge est de quatre chiens. Rien de plus maussade que cet attelage, ces chiens-chevaux n'ont pas l'oreille docile, pour les faire prendre à droite ou à gauche, on tire la voiture par le timon. Quand on les bat, ils aboient, s'entremordent et se couchent sous la voiture souvent au milieu du chemin ; ce tour n'est pas sans inconvénient pour les voyageurs.

Il y a beaucoup de commodité pour voyager dans Bruxelles et les environs, les fiacres y sont propres et n'y coûtent qu'un escalin et demi ou 10 1/2 deniers de Brabant par heure.

Le canal de Bruxelles établit communication entre la Senne, le Rupel et l'Escaut et peut avoir 5 1/4 lieues du Brabant. C'est par ce moyen qu'arrivent en cette ville les bâteaux, les barques et même des yachts et des petits bâtiments. On s'y embarque tous les jours, matin et soir, pour Vilvorde, Malines et Anvers dans des barques propres et commodes ; cette espèce de voiture est bien peu dispendieuse.

Les environs de cette ville sont bien riants. Du reste, une belle promenade de tilleuls qui tournent autour de la ville dont on peut faire le tour en voiture. Deux promenades, qui joignent les murs de Bruxelles se prolongent dans un alignement d'une demi-lieue sur les bords du canal ; la promenade à droite en sortant de la ville a 3 allées. Nous les avons parcourues en voiture, grâce aux soins de l'être le plus aimable et le plus obligeant qu'on puisse imaginer, M. Brion, à qui Honoré m'avait recommandé. Mangé chez lui des couques et des bisquets, les meilleurs de la ville; et ceux de la ville sont les meilleurs des Pays-Bas. De la soupe et de la crème au vin, au d... (1) les deux ragoûts.

En faisant le tour des remparts intérieurs de Bruxelles, on passe sur un pont-levis qui traverse le canal et sur une plate-forme d'où on jouit d'un point de vue admirable.

Plusieurs espèces de troupes à Bruxelles, elles sont lourdes en général, mais il en est qui sont une peste ambulante, c'est un troupeau de boucs, leur chemise est graissée au col et aux poignets pour les défendre, disent-ils, de la vermine, ce sont les hussards.

Jeudi 24, à midi, sur la grand'place, insurrection de la part du peuple qui renvoie les voitures des membres des États. Les cochers refusent de s'en aller, leurs glaces cassées, les maîtres congédiés à pied, le cardinal-archevêque de Malines obligé de s'en aller au milieu des huées. Militaires insultés, les insurgés couchés en joue, renfort de troupes qui chargent tranquillement leurs fusils. Le soir, on casse les vitres dans 300 maisons de patriotes. Le lendemain patriotes battus au parc, groupes nombreux; deux juifs qui s'entr'excitent au pillage. Complot d'investir les Capucins, mis à exécution à 10 heures du soir. Leurs vitres, leurs portes brisées, leur batterie de cuisine

---

(1) Ce *d* signifie au *diner*, peut-être au *dessert*.

leurs hardes emportées. Tranquillité de la garde qui veille à leur grille, elle se contente de renvoyer les Vonckistes par une autre porte. Samedi, l'église des Capucins fermée, iceux épars et courant çà et là. Visite aux dits pères ; le soir, billets jetés dans les boutiques et distribués dans les rues. *Cri général.*

La satisfaction due au souverain et à la nation doit être aussi complète et aussi éclatante que l'injure a été grande. Vive Léopold, moines à bas et juges sans tâche.

Vendredi matin, 11 heures, service à Caudenberg pour l'empereur ; pas de tenture sur la représentation (1), un poêle noir et par dessus un autre de drap d'or, sur ce poêle deux couronnes et les masses ; quatre cierges autour. Messe et musique chantée par l'ancien abbé de Caudenberg en chasuble noire ornée d'or et mitre d'argent. Le ministre Mercy d'Argenteau et le général Bender y assistaient.

L'après-midi, vu chez M. Bresve, un bel *Ecce homo* du Guide ; la tête est pleine d'expression. De là au cabinet d'armes, puis au trésor de l'ordre de la Toison d'or. Collier d'or massif, ornements, brodés en perles.

Le soir défense de la part du gouvernement de se porter à aucune voie de fait contre les États et les moines, sous peine de 500 florins d'amende.

Dimanche, messe entendue à Ste-Gudule. Parti de Bruxelles à 7 heures 1/2, par la diligence de

______

(1) Catafalque.

Louvain. Pour ce, 7 escalins et 3 deniers. A une demi-lieue de Bruxelles, le cimetière de la ville. Sur les routes de l'empire, barrières de distance en distance, on y perçoit un droit pour le pavé.

La diligence qui nous a conduits est une espèce de carabas dans le genre des anciennes voitures de Versailles. A deux lieues de Bruxelles, un roulier tout boueux, avec la permission de notre cocher, entre dans la voiture et se place entre un voyageur et moi. Le coche de grimacer et de braire ; je croyais à leurs contorsions et à leurs clameurs qu'ils se disposaient à faire déguerpir l'intrus. Pas du tout, ferme comme un roc, il m'enfonçait son coude dans le côté. Je présentai requête à notre cocher, qui me répondit comme le postillon de Valenciennes, en fouettant ses chevaux. Je le tirai un peu vivement par la souquenille et le priai de chasser l'intrus ou de me donner place sur le siège, sans quoi je coupais les courroies de son siège et prenais la poste à ses dépens. Le cocher aussitôt de se radoucir, mon boueux de déloger et moi de rester tranquillement dans le coche.

Arrivé à *Louvain*, le 28, à 11 heures 1/2 ; descendu à la *Maison d'Or*. G. H. et H. G. Vu la grande place dans laquelle est située la maison de ville. C'est un bâtiment d'un beau gothique à trois étages de dix croisées de face et ayant à chaque extrémité, sur l'épaisseur du bâtiment, trois tourelles en pierre bien effilées et bien ouvragées. Dans une des salles de cet édifice, sur la cheminée, beau tableau : Jupiter foudroyant les géants, et en face des croisées, un tableau en deux parties. Il m'a paru intéressant tant à cause de son auteur que du trait historique qu'il représente: L'Empereur Othon fait décapiter un homme que l'impératrice avait accusé devant lui d'avoir voulu attenter à son honneur. La femme de ce malheureux vient se jeter aux genoux du prince et lui démontre l'innocence de son mari par l'épreuve du feu, c'est-à-dire en tenant à la main un morceau de fer rouge. L'empereur frappé du prodige, remet ses jours et sa couronne à la discrétion de la veuve. *Baron. ad ann. Xti* 998. Voilà l'historique du tableau, ce qui concerne l'auteur n'est pas moins digne de remarque. C'est Quintin Metsis, fils d'un maréchal et maréchal lui-même; il devint amoureux de la fille de Franc Floris qui lui signifie que sa fille ne sera jamais que la femme d'un peintre. Quintin Metsis, après s'être assuré de l'amour et de la patience de sa maîtresse, prend aussitôt le crayon, puis le pinceau, puis voyage pour se former. Après deux ans d'études et de voyage il arrive chez F. Floris qui était absent et dans l'atelier duquel il voit un tableau du *Jugement dernier*. Quintin Metsis peint une mouche sur la cuisse d'un des personnages. Franc Floris de retour, regarde son tableau, souffle la mouche, la chasse de la main, essuie avec son mouchoir, puis regardant de plus près, aperçoit son erreur et donne sa fille au maréchal-peintre.

St-Pierre, collégiale, beau vaisseau; au milieu de la nef une masse énorme en cuivre de 12 pieds

de haut, on dit que c'est un candélabre. Dans le
chœur, un autre candélabre à pied, à quatre
branches et un Christ au milieu. Dans le
sanctuaire et à gauche de l'autel, une tourelle en
pierre artistement travaillée, sur le modèle du
clocher qui tomba en 1600. C'est là que se dépose
le St-Sacrement, de même à l'église St-Jacques :
par conséquent, pas de tabernacle sur l'autel. Près
de l'église St-Quentin, petite chapelle dans laquelle une espèce de croix en pierre sur laquelle
on voit un Christ que l'on prétend croître journellement. Cette pierre, dit la tradition, a été rap-
portée d'une carrière dans laquelle une femme
avait jeté le St-Sacrement qu'elle venait de recevoir. *Ste-Gertrude*, beau clocher en pierre, bien
élevé et bien délicat. C'est le seul qui existe à
Louvain. Le bassin, le canal et les quais de Louvain sont plus beaux et plus larges que ceux de
Bruxelles. L'Église d'une ancienne commanderie
de Malte, perchée sur la cime d'une montagne,
forme une assez jolie perspective.

On ne rencontre à Louvain que prêtres, moines
et étudiants. Il y a trente-sept collèges pour loger
les écoliers, où l'on professe la philosophie, où
l'on professe les humanités. Grandes écoles appe-
lées les Halles. Ce grand bâtiment est composé
en bas d'une vilaine salle où le recteur magnifique tient ses assemblées, au premier étage cinq
salles dont une sert de Bibliothèque et les quatre
autres sont destinées aux classes de théologie,
médecine, droit civil et droit canonique. C'est ici
un carillon perpétuel, trois horloges de la ville,

voisines l'une de l'autre carillonnant tous les quarts d'heure.

Sur le portail du collège des Prémontrés, un Saint Norbert tenant un ostensoir et donnant la bénédiction à toutes les heures.

Guérites des sentinelles peintes, lors de la révolution du Brabant, aux couleurs nationales, repeintes à la hâte en détrempe à l'arrivée des Autrichiens, et redevenues nationales à cause des pluies continuelles.

Cette ville fermée de huit portes, a une enceinte de fossés à demi-comblés et de murs à demi-ruinés, d'au moins deux lieues de Brabant, de circuit. Il est impossible de se défendre d'un sentiment de peine et de tristesse en parcourant les remparts, les murailles sont en plusieurs endroits éloignées des maisons d'un quart de lieue. Le premier coup d'œil ne permet pas de douter que cette ville n'ait été très habitée. Aujourd'hui elle se perd dans son enceinte. Les édifices, les clochers paraissent comme des vues d'optique qui sortent du milieu de plaines, de bois, d'étangs, de prairies et de broussailles, au travers desquelles on trouve à peine un sentier, quoiqu'on rencontre souvent les traces d'anciennes allées et de promenades où la nature, d'abord maîtrisée par l'art, a repris tous ses droits. De temps en temps on trouve dans ce désert une abbaye, un pont ruiné, une ferme, une cabane, toute cette enceinte était cependant autrefois garnie de bâtiments. La population de cette ville était immense, le commerce florissant, les

manufactures en activité occupaient tant de
monde qu'aux heures des repas une cloche aver-
tissait les parents de faire rentrer leurs enfants
de crainte qu'ils ne courussent le risque d'être
blessés, sous les pas de cette multitude d'ouvriers
courant çà et là. Qui a donc fait de cette ville une
solitude ? Tout son commerce est passé à Leyde.
En vérité, ce spectacle est bien capable de faire
passer le goût des révolutions.

Du côté du canal, la ville semble avoir fait un
effort pour se traîner jusqu'à la porte d'eau, au
delà de laquelle est une promenade assez semblable à l'Allée verte à Bruxelles.

Quitté Louvain, le 1er mars à 7 heures, après
avoir bu du Peterman, la meilleure bière de
Flandre, dit-on (j'ai pensé en vomir), puis un bon
bouillon dans lequel on avait coupé des tranches
de citron, c'est bon, très bon.

Arrivé à *Malines* à 11 heures 1/2, après quatre
lieues et quatre heures de voyage sur un beau canal de 80 pieds de large, bordé d'arbres des deux
côtés et dans une barque autrement propre que
tous nos maudits coches de France. L'intérieur de
cette barque est un appartement bien propre ;
c'est dans le salon et au coin d'un bon feu que
j'ai écrit, tout en voyageant, l'article de Louvain ; nous avons passé trois écluses, et nous
sommes descendus à la Grue G. H. et H. G.

Malines est une ville archiépiscopale, elle est
propre, bien percée, garnie de jolis ponts sur de
petits bras de la Dyle et entourée de fossés pleins
d'eau. Nous fûmes ici bien embarrassés de notre

personne ; il nous fallait lire dans les yeux des gens s'ils entendaient le Français. La réponse générale à toutes nos questions était *Canifourston Mener* (1). Il y a plusieurs places dans cette ville. Sur la plus grande qui est vilaine, une vilaine prison, d'un côté, à l'autre extrémité, la cathédrale. Elle se montre au loin par une vaste tour de 348 pieds de haut, au haut de laquelle quatre cadrans de 48 pieds de diamètre avec chiffres de 6 pieds de long et d'un de large. Cette tour n'a jamais été achevée. Nous y avons monté et de là nous avons vu Bruxelles et Louvain. Le vaisseau de cette église est grand, clair et orné de beaux tableaux qui représentent la vie de saint Rombeau qui en est le patron. Le chœur laid ; le trône de l'archevêque est à la gauche dans le sanctuaire. Le tabernacle est aussi à gauche dans la chapelle qui sert de paroisse à la cathédrale. Dans l'*église Saint-Jean*, au grand autel, *Adoration des mages* et beaucoup d'autres tableaux, tous de Rubens ; sur le côté un autel en bois qu'on prendrait à la vue et au toucher pour du stuc, des deux côtés Aaron et Melchisedech.

Les maisons des grandes rues de cette ville sont en grande partie décorées d'ornements en peinture à l'extérieur. Ce sont les restes de la dernière fête séculaire célébrée à l'occasion de l'invention des reliques de saint Rombeau, patron de la ville. Quitté Malines le 2 mars, à 7 heures du matin, après y avoir acheté un chapeau pour 21 escalins.

---

(1) Je ne puis comprendre, Monsieur.

Parti pour Anvers par le coche. La campagne sur cette route est charmante, les terres bien cultivées et bordées de haies de charmilles entrelacées comme un filet. Arrivé à *Anvers* à onze heures; logé place de Meir, *A l'Ourse,* la meilleure auberge de la ville. Le commandant général et le bourgmestre y logeaient.

Cette ville s'annonce comme une ville de guerre, des ponts longs, circulaires, des portes solides, de bonnes fortifications, des fossés larges, profonds et pleins d'eau, des murs épais, des remparts bien entretenus et baignés d'un côté par le majestueux Escaut. Plusieurs bassins dans la ville, coupés par des ponts-levis qui s'ouvrent facilement par le moyen d'une lanterne et d'une roue dentée. Une citadelle, la plus forte que nous ayons vue, comme la ville est aussi la mieux fortifiée. Nous y avons voulu entrer comme dans les autres. — Non, nous a crié un Hongrois qui la gardait, et nous nous sommes retirés. Promené sur l'Escaut jusqu'à la Tête de Flandre, pour un escalin, p... du batelier, son air tout décontenancé. Au milieu du paysage, dessiné la Porte royale qui, avec la tour de la cathédrale, forme un joli point de vue. On lit sur cette porte l'inscription suivante:

Cui Tagus et Ganges, Rhenus cui servit et Indus, huic famulas gaudet volvere Scaldis, Aquas quas que olim pro avo vexit sub Cesare puppes, has vehet, auspiciis, magne Philippe, tuis,

S. P. Q. Antw, hanc molem ded. 17 *Kalendas Maii* CIƆIƆƆXXIIII (1).

L'Escaut est couvert de bateaux bordés et garnis de cuivre. Aujourd'hui 3, il fallait bien voir cette citadelle. Écrit à ce sujet un billet au général, qui nous a député un officier bien honnête pour nous conduire. Nous y sommes allés en compagnie du bourgmestre et de plusieurs officiers. Tout vu et bien vu dans la citadelle, drapeaux, bannières, armes des Patriotes, bonnets de liberté; sur tous ces objets des saints et des vierges. Emblême affreux sur une bannière de Vandernoot: une vierge en haut, et en bas un lion tenant sous ses griffes l'aigle de l'Empire et à la bouche les plumes qu'il lui a arrachées.

Le 4, à la parade, rencontre de l'aimable officier de la veille qui m'a présenté aux officiers et qui m'a conduit à l'Hôtel de ville pour en voir les tableaux. Promené hors la ville, dont les environs sont jolis. A l'entrée des faubourgs, obélisque sur les faces duquel une main coupée, qui rappelle l'étymologie fabuleuse du mot Antwerpen, main coupée.

A la porte de la cathédrale, garniture de puits en fonte, de la façon de Quintin Metsis et au dessus de la tombe de ce peintre, qui ne fut pas enterré dans l'église parce qu'il n'était pas catho-

---

(1) En l'honneur de celui à qui obéissent Le Tage et le Gange, le Rhin et l'Indus, l'Escaut se réjouit de toutes ses eaux dociles, et les navires qu'il porta, sous le règne de l'Empereur son aïeul, il les portera aujourd'hui pour ta gloire, Philippe le Grand. Le Sénat et le peuple d'Anvers ont donné ce bloc le 17 des Calendes de mai 1624.

lique, on lit ces mots : *Quintino Metsii, incompa-rabilis artis pictori, admiratrix, grata que poste-ritas, anno post obitum seculari,* CIƆIƆCXXIX *posuit* (1) et au dessous : *Connubialis Amor de mulcibre fecit Apellem* (2).

Dans l'église des Dominicains, au dessus du jubé et au pied de la croix, un globe entouré d'une bande circulaire où sont marquées les heures, qui passent successivement sous le fer d'une flèche que tient le Temps. L'église des Jésuites a quelque ressemblance à celle de Versailles.

Cette ville n'est éclairée que par la lumière maussade d'une chandelle ou d'une lampe, qui brûle devant les images de vierges ou de saints dont les maisons sont décorées. Les eaux des maisons et des rues ne s'écoulent pas dans des ruisseaux découverts, mais à travers des conduits recouverts de dalles qui tournent de temps en temps sous le pied. Les chambranles, montants et entablements des croisées, des portes et des portes cochères sont d'un seul morceau de pierre noire dure comme du marbre et qui exhale une odeur fétide quand on la frotte. Les hommes et les femmes de ce pays, en réalité comme en peinture, sont d'une belle et forte construction et d'un beau teint. Quitté Anvers le 5 à 7 heures du matin, les yeux fatigués de tableaux. Un ins-

---

(1) A Quintin Metzis, peintre d'un génie incomparable, la postérité, avec une admiration reconnaissante, a élevé ce monument, cent ans après sa mort, en 1629.

(2) L'amour conjugal fit d'un forgeron un Apelles.

tant avant notre départ, une fille qui était venue tenir compagnie aux Hussards et qui n'avait pas quitté l'écurie de la nuit, a été maltraitée par un valet du général, elle a fait assez bonne contenance et a bien pris la correction, quoiqu'elle fut un peu dure.

La voiture qui nous a conduits, pour être plus légère, n'en a pas marché plus légèrement. Elle nous a fait traverser majestueusement six villages qui le disputeraient en propreté, en élégance, en population et en aisance à bien des villes de France.

Il était samedi, jour de purification par toute la Flandre: nous avons vu toutes les femmes balayant et lavant leurs maisons. Avant de traverser le village de St-Nicolas, vu deux groupes d'enfants, l'un de filles et l'autre de garçons qui reconduisaient chez leurs parents deux de leurs camarades qui avaient remporté le prix et qui étaient couronnés. Sur la place de ce village, qui est très grande, et, en face de l'hôtel de ville, la parade. Il y avait 5oo hommes de troupe à Sewenheecken, autre superbe village garni de beaux hôtels et voisin de châteaux et de parcs; allées d'arbres entre les maisons. Deux allées de charmilles conduisent à l'église par le cimetière dans lequel deux petites fosses nouvellement recouvertes. Elles étaient décorées de petites croix, de guirlandes de fleurs, de petites couronnes et de quelques images, à ce que je crois les patrons des défunts ou défuntes; dans ce pays, belles haies de buis, d'if et de houx.

Arrivé au faubourg de *Gand*, à 6 1/2 heures et à Gand à 7 heures. A la porte de la ville, on a désarmé mon compagnon de voyage. Descendu à l'Hôtel Royal sur la place d'armes ; voleurs.

Gand est la capitale de la Flandre autrichienne, un peu moins grande que Louvain. Belles places publiques et au milieu de presque toutes un mât et une perche pour le prix de l'arc. Dans celle du marché (vendredi), la statue de Charles-Quint au haut d'une colonne. Belles rues, beaux hôtels, belles promenades. L'hôtel de ville, bâtiment gothique dont la grande salle est belle. Cette ville est située aux confluents de l'Escaut, de la Lys, de la Liere et de la Moire qui, avec les différents canaux, la coupent en vingt-six îles.

6 mars. — Dimanche de la Quinquagésime, grand'messe à la cathédrale, pas de St-Sacrement exposé. Messe précédée de l'eau bénite, acolyte et thuriféraires en soutane verte. Au-dessus des stalles, qui sont en acajou, de grands tableaux en grisaille imitant le relief, dans le genre de ceux de Cambrai. La croisée de l'église toute revêtue en marbre noir et blanc. Sous le jubé deux autels avec tableaux gris.

Lundi après la messe de midi on a distribué trente pains aux pauvres.

Sous la chaire qui est en chêne avec médaillons de marbre, le Temps sous la figure d'un vieillard ailé et couvert d'un voile qu'il soulève pour regarder une femme qui l'éveille. C'est la Vérité qui lui présente un livre ouvert à ces mots : *Surge qui dormis et exurge a mortuis et illumi-*

nabit te Christus (1). L'Abbaye de St Pierre fort riche ; ils achètent journellement des tableaux en sorte que mon livre m'a à peine servi ici. Un de ceux qui m'ont frappé est la Religion figurée par une femme, tenant un calice, montée sur un char traîné par deux anges et à sa suite un homme tenant une sphère, un autre couronné de lauriers, un vieillard appuyé sur un bâton, enfin la Nature sous la figure d'une femme ayant six mamelles. Un ange au-dessus de leurs têtes tient un flambeau. J'ai déjà vu ce tableau aux Petits-Carmes de Bruxelles. Sous la coupole est un écho ; dans le réfectoire qui est beau, deux tableaux *Noces de Cana, Joseph recevant ses frères.*

Dans l'église Notre-Dame, paroisse de l'abbaye. Tabernacle sur la gauche ; la chaire avec deux rampes en acajou, simple mais belle. Le clocher tombé en 1732. Il est d'usage qu'aux convois les morts soient portés sur les épaules de religieux mendiants qui les enterrent et retournent chez eux. Dans l'église de St-Michel, chaire en chêne bien travaillé. Cette masse porte sur le bout du pied de St-Michel. Aux Jésuites les tableaux des deux autels collatéraux ont été remplacés par des perspectives. Masques défendus ici pendant le carnaval.

Quitté Gand mercredi, 8, à 8 heures du matin et acheminé pour Bruges sur le canal et dans la barque, qu'on appelle la barque des États.

C'est bien la voiture la plus jolie, la plus agréa-

---

(1) Lève-toi, toi qui dors, sors du tombeau et le Christ t'illuminera.

ble que vous puissiez imaginer : d'abord sur le tillac six ou huit rangées de bancs où vous êtes abrité de la pluie et du soleil. En descendant, la première pièce à gauche a douze pieds carrés, boisée très proprement, avec armoire en placage, une jolie cheminée, des banquettes couvertes de velours jaune, table avec tapis de même étoffe et chaises. Sortant de cette salle, on entre dans un corridor qui sépare la barque sur sa longueur en deux parties. A gauche une laverie, une cuisine et une salle à manger de trente pieds de long sur sept de large, à droite un escalier, deux garde-manger, une cave à bière, une petite salle à manger pour les valets. Sortant de ce corridor, à gauche, le cabinet du facteur de la barque ; à droite un magasin de bouteilles, puis des commodités très propres et en face une salle de douze pieds de long sur onze de large, appelée Salle des États, elle est boisée à hauteur d'appui. Elle a un poêle et des armoires dans les coins, elle est tendue en velours d'Utrecht rouge avec des banquettes, chaises et tables couvertes en velours rouge. La boiserie, les portes et les croisées peintes en vert d'eau rechampi en or. Le plafond blanc est orné de guirlandes de fleurs.

C'est dans cette dernière salle que nous avons fait notre mardi gras, nous avons dîné à 11 1/4 avec soupe au riz, bouilli, fricassée de veau, riz de veau et choux pour premier service. Au deuxième, veau roti, deux poulets gras, fromage de veau, tarte de confiture, huîtres ; et au troisième, fromage, pommes au beurre et petites patisseries, et notre dîner et nos dix lieues de chemin nous ont coûté chacun 3 livres de France et 7 s. 1/2 pour nos paquets.

On ne peut voir nulle part un meilleur terrain que dans cette partie de la Flandre, toute la terre y est en rapport, tout y est fertile, le peuple y est à l'aise, la terre est ensemencée en grain et en navette.

Débarqué à *Bruges* à 2 heures précises. Pas de rivière ni de source dans cette ville, toutes les eaux y sont dormantes, malgré l'inégalité du terrain de la ville qui est plus bas d'environ 18 p. du côté de la mer que de l'autre côté. Mais ces eaux dormantes sont renouvelées par le moyen de trois écluses qui sont dans la ville. Descendu à l'hôtel du *Commerce*.

Quoique les masques ici comme à Gand fussent défendus, le peuple en très grand nombre courait çà et là, riant, criant et cherchant à se faire rire encore davantage. Douze hommes en habit noir et colliers de fer blanc faisaient la police.

J'étais au milieu de la place quand j'entends derrière moi quatre à cinq coups de fusil que les soldats tirèrent pour dissiper cette foule qui prit incontinent la fuite. Alors les soldats plantèrent un piquet au milieu de la place et s'emparèrent des avenues. Les soldats autrichiens n'entendent ou peut-être n'écoutent rien, s'ils n'ont pas l'éloquence de la parole, ils ont celle du geste, et mon camarade vous dira qu'elle est véhémente.

A la *Collégiale de Saint-Sauveur*, belle chaire

en acajou ; le chapiteau soutenu par deux colonnes d'ordre corinthien surmonté d'un aigle avec cette légende : *In principio erat verbum.* A la *Collégiale Notre-Dame,* belle chaire en chêne avec deux escaliers, elle porte entièrement sur la tête de la Vérité qui tient un livre ouvert à ce passage : *intelligite, parvuli, astutiam et audite, quoniam de rebus magnis, locutura sum, et aperientur labia mea ut recta prœdicent* (1). Cette figure est assise sur le globe de la terre. Le recouvrement supporte la Religion montrant le ciel de la main droite. Au milieu du chœur, deux tombes de marbre noir garnies de bronze doré et émaillé et au-dessus couchés, tout de leur long et les mains jointes, Charles le Hardi et Marie de Bourgogne, sa fille.

A *Saint-Donat,* dans la chapelle de la communion, un saint-Charles donnant la communion aux pestiférés ; un homme qu'une jeune femme soutient dans ses bras communie, la tête et ses yeux sont pleins d'expression ; un peu plus loin une femme étendue morte, son enfant s'élance en criant pour se jeter sur son sein, mais un homme le repousse de la main droite tandis que de la gauche il se ferme la bouche et les narines.

En face de notre auberge, l'*Hôtel du commerce,* enseigne originale, une femme, la poitrine découverte et offrant aux spectateurs, au lieu de mamelles, le soleil et la lune.

---

(1) Comprenez, mes enfants, la malice du monde ; écoutez car je vais vous parler de grandes choses et Dieu ouvrira mes lèvres afin qu'elles enseignent la droiture.

Le Mercredi des Cendres, à 6 heures du matin, messe entendue à l'église Saint-Jacques. On m'y a appliqué une croix sur le front avec un moule de bois trempé dans de la cendre délayée, toute la journée je n'ai vu que des gens marqués d'une croix.

Parti à 7 heures par la barque de Bruges, mes adieux à un bien honnête officier du régiment de Bouillon, M. Dorival.

Arrivé aux écluses à 10 heures 1/2, rembarqué dans un batelet jusqu'au port d'Ostende. Ces écluses retiennent l'eau du canal de Bruges à la hauteur de 18 pieds au-dessus du niveau de la mer. Descendu à l'auberge de la *Cour impériale*, bonne auberge, bien propre.

Ostende est une petite ville, fortifiée, assez jolie, avec un beau bassin fermé par des écluses, avantage que n'ont pas beaucoup d'autres villes; un beau port et un boulevard qui la ceint presqu'entièrement, d'où on découvre une étendue immense d'eau, c'est une assez jolie promenade, mais elle est dangereuse le soir, au moins à ce que dit mon compagnon de voyage.

Je ne sais, mais il sera bien heureux s'il revient des Pays-Bas avec tous ses membres.

A Bruxelles, un hussard a voulu le pourfendre avec son sabre, à Bruges, un soldat l'a voulu perforer avec sa baïonnette, à Ostende, la sentinelle du port l'a couché en joue; heureusement pour lui que nous partons demain. Je plains les promeneurs en été, car il n'y a pas un arbre à Ostende ou dans les environs.

Ce matin à 6 heures, promenade bien avant dans le lit de la mer. Monté au phare. C'est une colonne de 100 pieds d'élévation, on lit au dessus de la porte cette inscription : *Jussu et auspicio Mariæ Theresiæ, augustæ, piæ, felicis, Pharus hæc, pro dignoscendo littore, navigantium salute et appulsus facilitate, erecta 1772* (1); traversé l'entrée du port en bateau, abordé au pied d'un navire où nous avons monté. Vaisseau échoué sur la côte droite du port, visite à cet infortuné dont on a sauvé toutes les marchandises. La carcasse a été vendue mille florins.

A 9 1/2 heures, déjeûner d'huîtres, 200 à 40 sous le cent, dégoûtamment ouvertes ; après dîner, vu entrer deux vaisseaux à toutes voiles.

Au plus loin qu'on aperçoit un navire, s'il fait signal de vouloir un pilote du pays, on lui en envoie un et dès que la marée est assez haute pour le recevoir, on arbore le pavillon bleu, s'il fait signe de craindre qu'il n'y ait pas assez d'eau à cause de sa charge, on attend que la marée soit encore plus haute, puis on arbore le pavillon rouge.

Dans tout ce pays, des calvaires remplis de grilles de fer, de feux, de serpents, de damnés et de têtes de mort véritables.

L'hôtel de ville est un vilain bâtiment de seize croisées de face avec une tour à l'extrémité droite. Dans tout le Pays-Bas poste aux lettres

---

(1) Sur l'ordre et sous les auspices de l'auguste, pieuse et heureuse Marie-Thérèse, ce Phare, pour faire connaître les dangers du rivage, pour le salut des navigateurs, et rendre l'abord facile, fut élevé en 1772.

mal administrée, postes aux chevaux bien chères et mal servies.

La religion n'est plus ici à beaucoup près ce qu'elle était. C'était autrefois bigotisme et presque fanatisme, aujourd'hui c'est indifférence et presque mépris de toute espèce de religion.

Sorti d'Ostende à 11 heures, fouillé aux portes presque dans les poches. Une voiture nous a conduits à une lieue de distance, là nous avons pris la barque de Nieuport où nous avons dîné. Traversé *Nieuport* de pied. C'est une petite ville assez jolie avec un reste de fortifications; pris une nouvelle barque qui nous a rendus à 5 1/2 à *Furnes*.

C'est une ville forte, capitale de la Chatellenie de Furnambacht. On peut faire en une demi-heure le tour de ces deux villes. Cette dernière a une belle place, elle est bien bâtie.

Descendu à l'hôtel de l'*Hôtel de ville*; grossier personnage. Visite à l'officier du régiment suisse de Bouillon, M. Dorival, qui logeait chez le trésorier général, à la porte duquel un morceau de drap noir avec écusson. Ils nous l'ont rendue tous deux une demi-heure après, et nous ont emmenés passer la soirée avec eux.

C'est pour la sixième fois que les commis nous visitent, ces commis sont autant de trucheux, (mendiants) qui ne vous fouilleront pas, disent-ils, parce que vous êtes d'honnêtes gens.

Sorti de Furnes à 7 heures, par la barque; nous l'avons rejointe après une heure de promenade. Changé de barque à *Suytcotte*, village dont l'ancienne église est encore couverte des sables que le vent y a jetés. C'est le dernier village de l'Empire.

Rentré en France, débarqué à *Dunkerque* à midi, descendu à l'*Homme sauvage*, bonne auberge, bonne table d'hôte.

Employé l'après-midi à parcourir la ville, les bassins et le port. La ville est une des plus vivantes que nous ayons encore vues, les jetées du port avancent fort en avant dans la mer. L'entrée en est défendue par le fort Risban que nous avons visité. Ce pauvre fort est dans un fort pauvre état, presqu'aussi mal dans ses affaires qu'un vaisseau qui est venu s'engraver dans son voisinage et qu'on a ouvert avec des haches et des scies; nous avons assisté à une partie de cette lugubre cérémonie.

De l'autre côté du port, à un quart de lieue, plusieurs maisons de pêcheurs saupoudrées et souvent toutes couvertes des sables qu'il plaît au vent et à la mer d'y envoyer.

Fréquentes promenades sur les bords de la mer; hameçons tendus, pêches de crevettes par les femmes; promené dans le port même, à plus de cent pieds de la jetée.

Grand'messe entendue, le premier dimanche de Carême, à la seule paroisse de la ville, *St-Éloi*, messe en musique, aucun ecclésiastique dans le chœur, les musiciens à l'orgue. Au bas de l'autel deux chandeliers de cuivre de 12 pieds de haut. Cette église a été endommagée par le feu, elle y a perdu sa communication avec la tour, qui a 200 pieds de haut, domine la ville et se termine en plate-forme. Nous y avons monté et de là nous avons entendu le carillon, qui ne vaut pas qu'on en parle.

Vu sur l'esplanade le régiment *Colonel-général*, sous les armes ; il a changé son nom pour celui de premier régiment d'infanterie.

Lundi, le Viennois a changé son nom en celui de 22ᵉ régiment.

Plusieurs places en cette ville, beau bassin, belle genèvrerie royale, pas d'autre eau en cette ville que de l'eau de citerne. Parti de Dunkerque le 15, à 8 heures du matin, après avoir manqué l'occasion d'aller à Londres. Une voiture de renvoi nous a conduits à *Calais*. Le chemin est pavé pendant une demi-lieue, puis des sables, des mares, des marais et des ravins ; aucune trace de route. Passé par *Gravelines*, petite ville située dans un marais sur l'Aa ; une demi-heure eut suffi pour parcourir en tout sens cette solitude on ne peut mieux fortifiée et gardée par un régiment.

L'église *St-Vilbrod* assez belle, son clocher en pierre blanche ; dans la nef, le tombeau de M. Dumetz, à qui un boulet de canon avait emporté le nez, avec cette épitaphe : *Siste viator, et imaginem Claudii Dumetz, hujus urbis, arcisque Præfecti, respice et intuere ; quod cernis in vultu ? Vulnus inhonestum ? imo honestum et gloriosum, anno 1657, sic illum decoravit*(1). Remonté

---

(1) Arrêtes-toi, voyageur ; regarde l'image de Claude Dumetz, gouverneur de cette ville et de cette citadelle, regarde attentivement. Que vois-tu dans ce visage ? Une blessure déshonorante ? Non, mais plus qu'honorable, glorieuse, qui, en l'année 1657, le décora ainsi.

en voiture à midi ; le chemin défoncé, horrible.

Arrivé à Calais à 3 heures 1/2 ; descendu au *Grand Cerf*.

Cette petite ville est fortifiée de bastions bien revêtus, couverts de demi-lunes et de larges fossés qu'on peut remplir à volonté d'eau douce et d'eau de mer. En dedans des fortifications est une promenade abritée de la mer par le rempart et bien plantée. J'en ai fait le tour en une demi-heure. La citadelle est grande et sa situation est si heureuse qu'elle commande non seulement la ville et le port, mais encore tous les environs. Au milieu de la cour un buste en bronze du cardinal de Richelieu. Il n'y a dans ce port que de petits bâtiments. La jetée en maçonnerie et charpente a près d'un quart de lieue ; vers le bout de la jetée, sur la gauche, un fort en charpente. Cette ville a une jolie place ; la tour de l'hôtel de ville gothiquement décorée est surmontée d'un dôme en forme de lanterne et d'une couronne, le tout en pierre blanche. L'église dédiée à Notre-Dame est assez claire, pleine de tableaux qui ne valent rien. Eau de pluie pour boisson. Promenade sur la jetée et sur le bord de la mer ; vu venir le paquebot. La marée était trop basse, il n'a pu entrer, on lui a député deux bateaux pour en recueillir les passagers, tandis qu'au moins vingt à trente hommes se déchaussaient sur le bord de l'eau pour aller au-devant d'eux. Un moment après, il nous ont offert le spectacle le plus original, on peut même dire le plus grotesque. Vous eussiez vu mes malotrus demi-nus revenir deux à deux à travers les flots, chargés les uns d'un homme, les autres d'une femme dont ils tenaient une cuisse dans leur bras, tandis que les portés saisissaient les porteurs au collet et à la crinière. L'équipage a ainsi débarqué en détail et pendant ce temps-là notre dîner refroidissait.

Parti de Calais le 16, à 3 heures du matin, par la diligence de *Boulogne*, où nous sommes descendus à 7 heures, au *Mortier d'Or*, bonne auberge.

Cette ville est divisée en haute et basse, la première bien peuplée, bien bâtie, est fortifiée par l'art autant que par la nature, et sert de citadelle à la basse ville qu'elle domine. Les remparts qui la ceignent sont plantés d'arbres et forment une magnifique promenade à laquelle une grande étendue de mer et les côtes d'Angleterre servent de point de vue. J'y ai vu le coucher du soleil. La cathédrale la plus laide que j'ai encore vue. Quatre tableaux méritent d'y être vus, un *saint Pierre* de Jouvenet, un *saint François*, une *sainte Thérèse*, une *sainte Godeleine*, donnant du pain aux pauvres. Cette église m'intéressait à cause du pasteur qui la gouvernait Mgr. Asseline (1), je ne savais pas qu'elle dut m'intéresser sous un autre rapport. Rencontre en icelle de l'abbé Rattier (2) qui m'a appris que Hibon en était le chanoine (3).

---

(1) Il fut un des intrépides et savants défenseurs de l'Église, un des ennemis les plus illustres du schisme constitutionnel. Il joua un grand rôle pendant l'Émigration. Nous gardons avec piété quelques manuscrits jaunis sur lesquels sont écrits les conseils qu'il faisait parvenir aux fidèles boulonnais et que les honnêtes gens se passaient de main en main pendant la Terreur.

(2) Il devint maître de pension après la Terreur.

(3) La famille de ce chanoine courtois a laissé dans le Nord des des-

Visite à Hibon dans la sacristie, sa manière de me regarder, sa surprise ; c'était autrefois le plus aimable original, les affaires actuelles lui ont un peu fait perdre de sa gaieté mais rien de son amabilité. Passé presque tout notre temps à nous rappeler notre séminaire. Promenade avec lui dans la basse ville, sur le port, et au bord de la mer qui a roulé à mes pieds, avec un de ses flots, un rouget gros comme une moyenne carpe.

Visite à Braure.

Dans l'église des *Annonciades*, sous l'autel, un squelette vêtu d'une robe d'étoffe d'or.

Cette basse ville est très peuplée.

Il paraît, par des pieus et de gros anneaux trouvés dans la cave du grand séminaire, située à la moitié de la côte rapide que forme cette basse ville, que la mer s'en est bien éloignée. Le port n'offre rien de remarquable, son entrée et sa sortie sont difficiles. Cette année-ci a été funeste aux navires, il en a péri aux ports de France plus de deux cents en deux mois. Établissement de bains de mer.

Le 18, à 11 heures du matin, parti de Boulogne pour retourner à Calais. A 2 lieues de Boulogne, cimetière du village de Wimille sur le mur duquel tombeau de MM. François Pilatre du Rozier et de Pierre Ange Romain qui sont tombés près de là de 4000 pieds de haut. Sur leurs tombes ces trois inscriptions :

cendants dans lesquels il est facile de retrouver cet aimable cœur et cette vigoureuse intelligence.

Ardent ami des arts et de la vérité
Au printemps de ses jours par un noble courage
Le premier dans les airs il s'ouvrit un passage
Et périt au chemin de l'immortalité.

2

Le matin dans les airs comblé de gloire
Le soir ne reste d'eux que la mémoire
Montrant de l'homme au même instant
Et la grandeur et le néant.

3

L'estime, la douleur et l'amitié leur ont élevé ce monument
                                        [en 1786.

Trois lieues plus loin la montagne la plus élevée de la province, d'où on découvre quatre états, la France, l'Angleterre, l'Empire et la Hollande. Un peu plus loin nous avons découvert les côtes d'Angleterre et le château de Douvres. Rentré à Calais à 3 heures ; et le lendemain 19, à 6 heures du matin, parti pour *St-Omer*. A deux lieues et demie de Calais, pont à 4 faces qu'on appelle le *Pont sans pareil*, le canal de Calais, ceux d'Ardre, de St-Omer, de Mark, s'y réunissent, quatre routes passent pareillement dessus. Traversé la petite ville d'Ardres.

Arrivé à midi à *St-Omer*, descendu à l'auberge de l'*Hôtel de ville*. Cette ville bien fortifiée est bien bâtie, bien pavée, les remparts sont plantés d'arbres ; fait le tour en une heure et demie ; la prison militaire est sur une éminence.

8

La cathédrale est belle et bien claire. En entrant, on trouve un vestibule formé par les supports d'un beau buffet d'orgue. A droite, une masse informe de pierre représentant J.-C. les bras ouverts ; à gauche, entre le deuxième et le troisième pilier de la nef, le tombeau de saint Omer, long de 11 pieds, élevé de 3 1/2. L'autel principal est situé au milieu de la croisée. Sur cet autel une table avec ses pieds, supportant un grand reliquaire qui occupe presque toute la longueur de l'autel. Au-dessus une croix et aux deux côtés du reliquaire un chandelier à trois branches. Tous ces objets d'argent massif et on ne peut plus délicatement travaillés. Le sanctuaire avance jusqu'au deuxième pilier de la nef, et il est entouré d'une belle grille. Au-dessus du tambour gauche, une horloge dont le cadran marque les mois, les jours, les heures au nombre de vingt-quatre, les signes du zodiaque et les phases de la lune.

Dans la paroisse saint Denis, en entrant, à gauche, un tableau donné par un curé. Il représente J.-C. en croix, le sang coule de son côté et tombe dans un vase d'où il s'écoule dans six autres que tiennent les différents ministres des sacrements, vêtus comme ils doivent être pour les administrer. Au bas de chaque vase un tableau particulier qui représente l'administration des sept sacrements. Ce tableau ancien n'est pas sans mérite.

Parti de St-Omer dimanche 20, second dimanche de carême, à 5 1/2 h., pour Tournai. Sur la route, *Cassel* petite ville perchée sur une haute montagne qui fournit une des vues les plus étendues de l'univers : on voit de là trente-deux villes et un long espace de mer. Temps brumeux, messe entendue aux Récollets. Le tableau de l'autel offre un *saint Ignace* consolant un moribond ; celui de la chapelle, à droite, saint François à genoux ; il tient dans ses bras l'enfant Jésus qui le caresse tandis que la sainte Vierge assise sur un nuage lui sourit et qu'un ange le couronne.

Bailleul, autre petite ville à mi-côte, assez jolie, belle place. *Armentières* autre jolie petite ville.

Descendu à Lille où j'ai couché à l'*hôtel de Bourbon* sur la place.

Reparti lundi 7 pour *Tournai* par la diligence, pour 55 sous. A *Baizieu*, dernier village de France, on nous a fouillés.

Arrivé à *Tournai* à onze heures, visite à Mme Delvignes, qui avait bien voulu se charger de la voiture et chez laquelle l'intéressant spectacle d'un enfant s'agenouillant devant sa maman en lui disant : « maman, votre bénédiction ».

Sa maman la lui donne et l'embrasse. Cette touchante cérémonie est d'usage dans tous les Pays-Bas et la Hollande.

Visité le mont *Trinité* d'où la vue est superbe. Les environs de Tournai sont très jolis. Quitté cette ville, le mercredi 24, à 5 h. du matin pour Bruxelles avec Mme Delvignes ; dîné à *St Renel*, soupé à la *Croix blanche* avec un major de hussards bien aimable; reparti le lendemain, 8 h. du matin pour Anvers.

Après un petit différent avec les porteurs, nous nous sommes embarqués sur le canal ; laissé le château de *Laeken* sur la gauche ; vu le hameau des *Quatre fontaines,* l'obélisque qui est sur le chemin jette de l'eau des quatre côtés. Pris au *Grand Sessel,* dans un cabaret, un mauvais dîner que nous avons mangé sur la barque; fille de mauvaise humeur; changé quatre fois de barque; passé l'Escaut en bateau; enfin fait trois lieues dans une diligence avec une femme ivre.

Entré dans *Anvers* par un charmant quai situé entre les fossés et le majestueux Escaut. Arrivé à Anvers à 5 h., descendu à *St-Antoine.*

Le 25, laissé là Mme Delvignes et parti d'Anvers à midi par la diligence. Les cochers, comme tous ceux de ce pays, ménagent, on ne peut plus, leurs chevaux et les font rafraîchir tous les deux ou trois lieues en leur donnant du pain de seigle par petits morceaux. Dans presque tous les villages, il y a sur la route un ou deux grands hangars ouverts aux deux extrémités, les chevaux les traversent avec la voiture, on les y fait souffler, et s'ils ont trop chaud, on ferme les portes du hangar des deux côtés.

Sur cette route on rencontre beaucoup de plaines de colza, c'est une espèce de navet qu'on sème en mars, qu'on repique en septembre et qui l'année d'ensuite donne une fleur jaune, puis une grande abondance de graines dont on fait de l'huile et du savon noir.

Traversé le beau village de *Contie, Malines, Vilvorde*.

Arrivé à *Bruxelles* à 6 h., descendu au *Morianne* d'où je devais partir le lendemain pour Tournai. Visite à M. Brion, soupé chez lui.

Parti le 26 à 5 h. du matin et arrivé à *Tournai* à 7 h. du soir. Les souliers à Tournai sont mal faits, mal cousus. Le dimanche, grand'messe et Prône à la cathédrale de Tournai. Dîné chez Mme de la Mark; à vêpres avec elle à la cathédrale, puis le soir gagné un escalin au chnif, chnif chnorum (1); pris la poste le lendemain 28 à 6 h. 1/2, pour rejoindre mon compagnon de voyage à Lille. La première poste sur le pied de trois escalins par cheval et quatre sous de plus pour le maillet (2) et le prix d'un cheval de plus pour le postillon. Fouillé à Marquain pour l'Empire, à Baizieu pour la France, à Lille pour la ville. Passeport visé.

Arrivé à Lille, à l'*Hôtel de Bourbon* sur la place. G. H. et H. G.

Lille est une belle ville sur la Deule et une des plus fortes places du royaume, c'est la capitale de la Flandre française, elle est percée de sept portes; du côté de la France est la plus belle porte des places de guerre du royaume, la porte des Ma-

---

(1) L'Académie de Jeux n'a pas voulu me renseigner sur celui-ci. Je ne l'ai pas rencontré non plus dans les mémoires et correspondances de la fin du xviiie siècle. Peut-être était-il usité surtout en Flandre.

(2) C'était le prix commun de la poste française, d'après l'ordonnance de 1756 : vingt-cinq sous par poste et par cheval, non compris les guides ou cheval de postillon.

lades. Cependant M. Guérin se taisait. Vu, le 30, la collégiale de *St-Pierre*. Belle croisée toute revêtue en marbre et aux deux bouts deux chapelles. Dans celle à gauche, le tombeau de Baudouin V, comte de Flandre. C'est un énorme tombeau élevé de terre de quatre pieds ; trois figures sont couchées dessus et sa progéniture est toute à l'entour ; les deux piliers qui soutiennent la voûte de la chapelle de la paroisse sont d'une seule pièce de grès de dix-neuf pieds de haut.

Dans cette ville, un homme en sentinelle sur la tour de Saint-Étienne, sonne de la trompette, le jour, toutes les demi-heures, la nuit, tous les quarts d'heure.

Le 31, à 7 heures du matin, parti à cheval pour Douai. Déjeûné à *Pont à Mark*. M. Guérin a pris la mare pour un abreuvoir bien clair et s'y est baigné.

Laissé sur la droite, à une portée de canon de Douai, le fort de Scarpe, entouré d'arbres, c'est un pentagone régulier qui défend la ville du côté du nord et qui est entouré d'un fossé plein d'eau dans lequel il y a trois demi-lunes.

Arrivé à *Douai* à 11 h., descendu et dîné à *l'Hôtel de Bourbon*, sur la place, près d'un reverbère et en face d'un autre qui ont été les instruments de la rage du peuple, il y a aujourd'hui quinze jours (1).

---

(1) Rudemare dit juste pour la première de ces victimes de la rage du peuple ; l'autre fut pendu le 17. Le consciencieux auteur de *Douai pendant la Révolution*, Dechristé, nous donne leurs noms Derbaux et Nicollas.

Douai est une grande et forte ville. Dans la collégiale de *Saint-Amé*, autel à la romaine, d'argent, deux chaires, sous l'autel une vierge, dessus et au dessus de cette vierge une gloire surmontée d'un crucifix. Aux deux côtés, sur deux socs, les bustes des deux patrons de cette église, en argent; pour pupitre un Moïse. Au dessus de l'autel de la Vierge, derrière le chœur cette inscription : *Dame de paix, pour tout bonheur, Paix demandons par ta faveur.*

Arsenal immense, grand chantier plein d'affûts de tous les genres, plus de deux mille pièces de canon sur le chantier; c'est ici une des plus belles fonderies de France : nous avons vu deux pièces encore enterrées dans leur moule, une hors du moule et une autre, de dessus laquelle on enlevait la terre du moule que le feu y avait calciné. J'ai vu qu'on fond les canons de six pieds plus long qu'il ne faut afin que le poids excédant pèse sur la masse et la condense, on les scie ensuite à leur longueur avec une grosse scie menée par quatre hommes. Dans un autre atelier, vu tourner et forer les canons ; ils sont posés, d'un bout sur une gorge d'acier et du côté de la culasse sur une boîte de fer tenue dans une lanterne que fait tourner une roue dentée mue par trois chevaux ; le forêt qui est fort long repose de deux pieds en deux pieds sur deux pièces de bois. Dans sa longueur il est mobile, un homme le fait avancer par le moyen d'un cric à mesure que le canon se perce. Vu enfin le troisième atelier où on inscrit leur nom. On a supprimé l'*ul-*

tima ratio regum et on y a substitué le nom de *la convaincante, la chatte, l'aboyeuse.*

Promené sur les remparts ; repris à 4 h. 1/2 la route de Lille où nous sommes arrivés à 7 heures avec nos mauvais chevaux bien suants et d'excellent bœuf à la mode.

Le 2 avril, pour le guérir (1), parti encore à cheval pour *Ypres.* A une portée de fusil de Lille, en sortant par la porte Royale ou Saint-André, le champ où furent enterrés vingt mille Français, tués à la bataille de Fontenoi et à l'un des angles de ce champ un poteau supportant un tronc avec cette inscription : *Tronc pour l'avancement des messes pour le repos de l'âme de vingt mille Français morts à la bataille de Fontenoi.*

Passé le *Quesnoy*, grand village ayant un beau pont-levis et le château de Croy dans son enceinte.

Warneton, petite ville impériale sur la Lys.

Arrivé à *Ypres*, à 6 h. 1/2 ; descendu chez M. Auvrai, beau-frère de M. Péterink, de Lille. Il nous a on ne peut mieux accueillis.

Le dimanche, entendu la messe militaire aux Dominicains. Pendant tout le temps de cette messe, les soldats autrichiens chantent des cantiques. Dans cette église, la chaire surmontée d'un recouvrement énorme est ridiculement soutenue par deux anges qui, posés sur la pointe du pied, sonnent de la trompette.

---

(1) Ce bœuf à la mode, c'est-à-dire les contusions causées par le trot des mauvais chevaux.

Saint Martin, cathédrale. Sur l'autel, près des six chandeliers, deux torchères d'argent ; petit autel de marbre, à droite, servant de crédence ; dans la sacristie, calice d'or bien ouvragé, et, au milieu du sanctuaire, le tombeau du trop fameux Jansénius.

Ce n'est plus qu'un carreau de marbre blanc de dix-huit pouces avec une croix au milieu ; il y avait autrefois une longue épitaphe à laquelle on avait substitué celle-ci : *hic jacet Cornélius Jansénius, Iprensium Epûs. Scripsit in Augustinum.* Les singeries des pélerins sur le tombeau ont forcé d'en enlever les ornements et les épitaphes.

Sur la grande place, l'hôtel de ville, grand bâtiment gothique de quarante-huit croisées de face avec tour au milieu. Il renferme de belles halles couvertes. Un veilleur en haut de la tour frappe à toutes les heures deux coups sur une cloche, un à toutes les demies. Vu la salle de justice, la chapelle et la sellette où le patient entend la messe et reçoit la communion quand on la lui accorde.

Sur la même place, l'hôtel de la Chatellenie, autre bâtiment gothique de sept croisées de face; et au-dessus sept figures de marbre blanc auxquelles il a plu de donner le nom des sept planètes: Saturnus, Jupiter, Mars, Sol, Vénus, Mercurius, Luna. A la dernière croisée, du côté opposé à l'hôtel de ville, espèce de balcon en forme de chaire, d'où l'on proclamait autrefois les ordonnances des souverains et de la Chatellenie ; à l'extrémité de la place, fontaine de marbre noir et blanc surmontée de deux renommées, la trompette à la bouche et appuyées sur l'écu de France.

Sorti d'Ypres, le 4, à 3 heures ; revenu par une charmante route et par *Menin*, ville assez jolie et jadis fortifiée. La vue de dessus la place sur la campagne est très étendue.

A un quart de lieue du côté de Lille, la séparation de la France et de l'Empire.

Rentré à Lille, à 7 heures, illumination pour le rétablissement de la santé du roi. Transparent sur la place avec cet épigraphe : *Vive Primat* (1) *et nos curé citoyen.*

Parti de Lille, le 6, à 6 heures du matin en poste ; passé par *Carvin* assez jolie petite ville, puis par *Lens*, autre petite ville. Mauvaises postes. Couché à *Amiens*, visite à Mme Aclocque fille aînée. Couché à la *Poste*, parti le 7, à 5 heures du matin d'Amiens, où je laissai M. Guérin pour rejoindre seul la capitale.

A mesure que je m'en approchais, mon cœur se serrait, j'étais bien éloigné d'éprouver ce sentiment de plaisir que fait naître l'idée de revoir sa patrie. Traversé *Clermont*. Les murailles de cette ville jadis fortifiée, tombent en ruines. Du château qui est placé sur le sommet de la montagne on jouit d'une belle vue à plus de sept ou huit lieues à la ronde.

Vu le parc de Fitz-James. Arrêté aux Ursulines pour y voir ma nièce.

---

(1) C'était l'évêque constitutionnel. Il avait été nommé le 10 août 1791, prenant le siège de Mgr de Rohan Guéménée, qui avait refusé le serment.

Traversé la forêt, le parc et le village de *Chantilly*. Ces jardins délicieux ont déjà bien souffert de l'absence du prince de Condé. Visite à Mme Millot. Passé par *Ecouen*, visite à M. Honoré, enfin arrivé à Paris à 9 heures du soir.

J'y trouvai les églises catholiques fermées. J'étais dans un grand embarras, quand Mme de Radepont m'offrit son salon pour y dire la messe.

La chapelle du roi était alors la seule ouverte. Nous ne pouvions y aller aussi souvent que nous aurions voulu, de crainte de compromettre quelqu'un. Je fus obligé de confesser dans les maisons. Toute la semaine sainte, je dis la messe chez Mme de Radepont, observant de changer de route tous les jours, pour aller chez elle et toujours à la veille d'être lanterné si l'on m'eut surpris. La vigilance des espions fut trompée. Je fis faire des pâques à 5 ou 6 personnes. Chenaux les vint faire dans ma chapelle à Gentilly (Pâque tombait cette année le 24 d'avril.)

Le 20 mai n'ayant plus rien à faire qu'à être témoin des profanations les plus abominables que la nation se permettait dans les églises et de ses persécutions les plus barbares et les plus indécentes contre les femmes et surtout contre ces respectables filles dont la religion, le zèle et la charité sont universellement admirés, je repartis pour *Tournai* par la diligence de Lille où je voyageai fort agréablement (1). On me voulut

---

(1) Moyennant 16 s. par heure de poste. On en comptait 58 de Paris à Lille.

persuader que j'étais Beaulieu, acteur des Italiens.

Nous nous arrêtâmes à Pont St-Maxence, à Péronne, à Cambrai.

Arrivé à *Tournai*, je fus logé et nourri chez Mme Delvignes qui me prit en pension jusqu'au 27 juin à raison de 40 fr. par mois. Allé de Tournai à *St Amand* ; vu l'église et les tableaux ; de là à pied, grâce à la gaucherie de mon cocher, à l'abbaye de *Vicognes*.

A l'entrée, au milieu de la nef, obélisque autour duquel une large cuvette servant de bénitier ; le jubé soutenu par six colonnes formant perspective.

Quelques jours après, je fis un voyage à *Courtrai* jadis place forte, aujourd'hui démantelée. La collégiale est revêtue en marbre.

Retourné à *Bruxelles* le 27 juin ; retrouvé M. Brion qui m'a invité à venir vivre chez lui, retrouvé là Mme de Choiseul d'Aillecourt ; Mme de Villeroi.

Le 30 juin, vu l'inauguration de Léopold sur la place royale. Monté, moyennant trois escalins, sur un amphithéâtre qui a croulé au milieu de la cérémonie, sauté dans l'amphithéâtre voisin qui était plus solide et où j'ai vu sûrement et tranquillement le reste. Le soir, feu d'artifice et illumination dans la ville. La manière d'illuminer de ce pays est assez originale, lampions aux croisées, torches au 1er étage et feu de bois dans les rues, en sorte 1° que l'effet des lampions est perdu ; 2° qu'on se croit à la suite d'un enterrement, 3° qu'on n'ose marcher au milieu des rues de crainte d'être grillé, ni côtoyer les maisons de peur d'être arrosé de résine. Plusieurs arcs de triomphe dans la ville ; un à la place de la *Fontaine des trois pucelles*, un autre à celle de Louvain sur lequel : *Mariæ et Alberto, pro Leopoldo secundo, Belgiæ curam suscipientibus* (1).

Sur la place de ville, entre quatre obélisques et quatre colonnes supportant des vases, une statue colossale de la Paix. Elle a la tête ceinte d'une couronne de laurier, surmontée d'une tour : tenant de la main gauche une couronne de laurier, de la main droite un bas relief représentant Léopold et une branche d'olivier. Sur le piédestal de la statue :

Hic dies vere mihi festus atras
Eximet curas, ego nec tumultum
Nec mori per vim metuam, tenente
   Cesare terras (2).

A l'hôtel des Monnaies un transparent avec la figure de Léopold et cette inscription :

Notre art en burinant le moderne Titus
Peut en rendre les traits mais non pas les vertus
Inaugurant l'esprit, détronant l'ignorance
Le Belge aura la paix, les arts et l'abondance.

---

(1) A Marie et à Albert gouverneurs de la Belgique au nom de Léopold II.

(2) Ce jour m'est heureux ; il chasse les noirs soucis. Pour moi je ne crains pas la Révolution ni même la mort violente aussi longtemps que César domine l'univers.

Ailleurs

Juravit Deus et non penitebit eum (1)

Ailleurs un lion terrassé par l'aigle :

Quid sum miser tunc dicturus ?
Quem patronum rogaturus ? (2)

Le dimanche 17 juillet, fête du Saint Sacrement des Miracles. Vu la procession solennelle en réparation d'outrages faits au Saint Sacrement. Pour cette fête on dresse au milieu de la croisée de l'église Ste-Gudule un grand autel de bois doré riche et sans goût. Le fond et les pentes de cet autel sont faits des ornements d'une tente prise sur le Grand-Seigneur à la bataille de Lépante. La procession est sortie de Ste-Gudule, à 11 heures, et en cet ordre (observez que chaque paroisse et chaque couvent marche sous sa bannière et chaque bannière est surmontée d'une croix) :

Pauvre école de garçons.

Minimes — Capucins — Begards ou Cordeliers — Dominicains — Augustins — Grands Carmes — Recollets — Pauvre école de filles — Paroisse

---

(1) Le Seigneur l'a juré, il ne s'en repentira pas. C'est-à-dire l'Empereur nous a garanti nos privilèges et ne nous les enlèvera pas.

(2) C'est-à-dire : J'ai beau gémir, moi pauvre lion flamand, pris sous les serres de l'aigle impérial, quelle protection puis-je implorer.

Ce lion pieux qui connait si bien les psaumes et le *Dies iræ* paraît avoir complètement oublié le fier orgueil qui avait distingué les Flandres au Moyen-Age.

Ste-Catherine — id. St-Géry — id. St-Nicolas — id. Finistère — id. Notre-Dame de la Chapelle.

Les curés portent une croix garnie de reliques.

Suivent, précédés de leurs bâtons, les Jardiniers — Tailleurs de pierre — Chapeliers — Cordonniers — Orfèvres — Selliers — Blanchisseurs — Brodeurs — Brasseurs — Boulangers — Tapissiers — Tailleurs — Merciers — Plombiers — Menuisiers — Bateliers — Poissonniers — Fruitiers.

Puis : Confrérie de saint Lazare — Les Cinq Serments — Magistrats suivis de la main et de la verge de justice — Conseil du Brabant — Valets de pied — Garde noble — Musique de la Cour — Chapitre de Ste-Gudule — Chambellans — Conseil des Finances — Conseil privé.

Baldaquin sous lequel le riche ostensoir *(de quo supra)* (1) porté par le cardinal-archevêque de Malines.

L'archiduchesse et son époux.

Archers — Officiers français — Troupes — la Nation, etc.

Les rues étaient garnies de branches d'arbres à la hauteur des boutiques (à Tournai, aux processions du Saint Sacrement, on tend les portes seulement, à Anvers on allume aux croisées des cierges ou des chandelles). Les fontaines publiques avaient été repeintes la veille, le fameux Mannekenpis était affublé d'une perruque pour

---

(1) Dont j'ai déjà parlé.

drée à blanc et fagotté d'un large habit de soie bleue et argent, galonné en or, culotte pareille, bas de soie blancs, boucles à diamant à ses souliers, manchettes de dentelles et gros col. Sous le bras gauche une épée et à la main gauche un gros flambeau auquel était attachée une cocarde. Sa grotte était garnie du haut en bas de lauriers, orangers, géraniums, etc. C'est dans cet accoutrement grotesque que ce sale Mannekenpis a reçu toute la journée les hommages du peuple.

Le 18, sorti avec M. Brion par la porte de Scaerbeck ; traversé le village de ce nom ; côtoyé des étangs ; vu des paysages on ne peut plus agrestes et pittoresques à la fois. Trois ruisseaux, entourés à leur source de cuvettes de pierre et de sièges circulaires tombant en ruine, se réunissent et serpentent tantôt dans une vallée, tantôt dans une gorge couverte de bois, puis passent auprès d'une colonne d'ordre ionique qui semble le reste d'un ancien édifice et sur laquelle on voit cette inscription :

Qui sistis gradum, viator, et aspicis locum hunc persimilem horto Sancto, in quo Christus orare olim solitus fuit, invitatus ab ipsis elementis mutis, ne hâc prœteri absque precatiunculâ aliquâ offerendâ Illi qui in extremâ agoniâ, Patrem suum cum sudore et sanguine pro salute tuâ ardentissime est deprecatus. Anno MDLXXIII (1).

---

(1) Ce latin, moins élégant qu'animé d'intentions pures, paraît pouvoir se traduire ainsi : Voyageur qui t'assieds sur ce siège et regarde ce paysage tout à fait semblable au Jardin sacré où le Christ avait l'habi-

Le 20, à 2 heures, parti à Anvers par la diligence, moyennant 46 sous du pays ; traversé Malines. J'y ai vu un beau géranium triste et sur la place un arc de triomphe pour l'inauguration, sur lequel : *Leopoldo, Belgarum Saluti, Plaudens erexit S. P. Q. M.* (1) Arrivé à *Anvers*, à 9 heures, descendu à l'*Ours*, puis allé chez Mme la comtesse de L'Arbouste, avec laquelle demeure l'abbé Bruna ; déjeûné, dîné et soupé chez elle, pendant tout mon séjour en cette ville.

Le 23, pris la barque pour retourner à Bruxelles ; moyennant 3 escalins et demi on reçoit un plomb (2). On part d'Anvers à 8 1/2 heures pour Boom, village situé sur l'Escaut. On fait deux lieues et demie dans une voiture qui s'arrête un quart d'heure à mi-chemin. Observez qu'une fois dans la voiture jusqu'au port de Bruxelles, le port des paquets n'est pas à la charge des voyageurs. On passe l'Escaut : puis on prend à Villebroek une barque ; à trois quarts d'heure de là, un pont et écluse ; et une demi-heure après, à Yssel, on change de barque et on prend à dîner, si on veut ; à une demi lieue de Yssel, à Kapelle, un pont-levis ; et une demi-heure après, à Humbec, nouvelle barque ; une demi-heure de là, pont de Grimberge ; une heure après, pont de Ville-

---

tude de prier, tu es invité par ces muets éléments à ne pas passer outre sans offrir une petite prière à Celui qui, en son extrême agonie, a prié son Père ardemment, avec sa sueur et son sang, pour ton salut. Année 1573.

(1) A Léopold, le salut de la Belgique, le Sénat et le peuple de Malines ont élevé ce monument, avec applaudissements.

(2) Nous avons remplacé aujourd'hui le plomb par le carton.

vorde, écluse des Trois-Fontaines, autre barque;
pont de Laeken, Bruxelles.

Le 24, promenade sur un petit cheval turc
appartenant à mon hôte, à travers Scaerbeck. Vu
le cimetière de la ville, dans lequel une tombe et
épitaphe d'une jeune femme morte victime de
l'effroi dans la Révolution : *Isabellæ Franciscae
Josephæ Orts, sexus decori, veritatis et candoris
exemplo, conjugi, amicae carissimae, lapso vix
primi hymenei felicis anno, die Maii 29, a funesto
puerperio, 18 ætatis anno, febri indomabili extinc-
tæ, in perpetuum, grati animi ac justi doloris
monumentum, ad mortem usque afflictus, eundem
expectans tumulum, infelix Jacobus Ant. Leclerc
Josepho Secundo Augusto a consil·status, et Bel-
gicire gim. generalis, 1787, requiescat in pace* (1).

Le 25, promenade à Anderleck, bourg considérable à une lieue et demie de Bruxelles, renommé
pour son beurre, qui est estimé le meilleur du
pays. La collégiale de St-Pierre est belle, beaux
tableaux. Au milieu de la nef un tombeau en bois
élevé de terre de deux pieds et demi, une figure
en bois couchée dessus et sur le coussin: *Guidonis
manibus ; plantatus scipio siccus, sexcentos annos*

---

(1) A Isabelle-Françoise Josèphe Orts, la gloire de son sexe, l'exemple
de la vérité et de la candeur, épouse, amie très chère, morte le 29ᵉ jour
de mai, d'une funeste et inguérissable fièvre puerpérale, après une année d'un heureux hymen, l'infortuné Jacques-Antoine Leclerc, Conseiller
général sous l'auguste empereur Joseph II, de l'Etat et du gouvernement belge, a élevé, avec une âme fidèlement reconnaissante, ce monument d'une juste douleur, d'une affliction qui ne cessera qu'à la mort et
qui attend la réunion dans ce même tombeau. Qu'elle repose en paix.
1787.

virat, nunc factus imago 1633 (1). De là à Kockelberg, puis à Laeken, autre gros village à une demi-lieue de Bruxelles. L'église est grande et ornée de beaucoup d'*ex-votos*. Tous ces environs sont charmants. Au bout de l'avenue qui regarde l'église de Laeken, vu une fontaine dont le bassin profond est construit de pierre de taille en fer à cheval avec deux rangs de sièges. L'eau sortait de la fontaine par cinq jets, celui du milieu est le seul qui donne de l'eau aujourd'hui. Cette fontaine est décorée d'une couronne de fleurs de marbre noir, et au milieu en marbre blanc un cœur, deux mains et deux pieds percés qui forment les jets et au dessous deux cuvettes. On lit au dessus cette inscription :

Fontem hunc divæ matri Annae Sacrum, jam dudum febricitantibus salutarem, ne ultra inglorius per terram serperet, serenissima Isabella, Clara, Eugenia, Hispaniarum Infans, ex desiderio R. P. Andreæ a Soto, alveo ornamentis que donavit, anno MDCCXXV (2).

Puis au château de l'archiduc. Il n'est pas extrêmement grand mais il est d'une belle proportion, bâti solidement dans une agréable position, ayant une vue fort étendue, de belles pro-

---

(1) Je ne suis pas sûr de comprendre toute la finesse de cette plaisanterie funèbre et je prends peut-être le Pyrée pour un homme : Aux mânes de Guidon ; on a planté ce baton sec, qui après avoir verdi six cents ans a été changé en statue en 1633.

(2) Cette fontaine dédiée à sainte Anne, mère de la sainte Vierge, est depuis longtemps salutaire aux fiévreux. Afin qu'elle ne coulât pas humblement sur la terre, la sérénissime Infante d'Espagne, Isabelle-Claire-Eugénie, lui a donné un bassin et des statues pour obéir au désir du R. P. André de Soto, l'an du Seigneur 1625.

menades, de beaux jardins. Ce qui m'a fait le plus de plaisir dans ce château est la diversité des parquets ; ils représentent tous une mosaïque différente, sont parfaitement bien joints et bien travaillés. On voit dans les appartements de superbes lustres de cristal de roche et dans la chapelle une sainte Christine en albâtre superbe. Il y a à l'extrémité des jardins une pagode de 200 pieds de haut, d'où l'on jouit d'une vue d'autant plus étendue que le pays est presque plat.

Au retour de cette excursion, fait des confitures pour mon aimable M. Brion.

Le 26, promenade à l'abbaye d'Afflighem (1), à trois lieues et demie de Bruxelles. C'est une superbe abbaye de Bénédictins. L'église grande, belle et bien décorée ; l'autel est orné d'un superbe portement de croix de Rubens. Sur le tabernacle une grande statue de marbre représentant la Religion. Elle tient un calice à la main. L'autel est de marbre blanc orné de bronze. A la chapelle de la Vierge, statue miraculeuse qui était autrefois placée dans le cloître et qui (à ce que dit une inscription) salua saint Bernard ; de l'autre côté la chapelle de saint Joseph. Ces deux chapelles sont ornées de quatre tableaux : *Saül terrassé*, *saint Paul*, *Paralytique* et *Pêche miraculeuse*. A la porte du chœur deux autels avec statues de marbre blanc : saint Martin et saint Benoît. Dans la

---

(1) C'est cette abbaye où les républicains réquisitionnaient une quantité considérable de *volaïe*, en ajoutant galamment qu'ils sont persuadés du bonheur que les moines belges éprouvent à les nourrir somptueusement et à abreuver des Français patriotes.

sacristie sept tableaux en relief, grisaille de Guérard d'Anvers (c'est assez dire) : *Élisée, Melchisédec, Pèlerins d'Emmaüs, Sacrifice d'Abraham, Noë sortant de l'arche, la Madeleine* et *la Femme adultère*. Dans la salle de compagnie dix beaux tableaux de Crayer et de Rubens. Un *saint Étienne lapidé*, une *Vierge*, et à ses pieds ses quatre panégyristes : saints Ildefonse, Bernard, Anselme et Rupert, les *Quatre Évangélistes* et les *Quatre Pères de l'Église*. Dîné à l'abbaye sur l'invitation d'un des religieux qui, suivant l'usage, vint m'inviter un quart d'heure après mon arrivée. Je dînai seul dans une belle pièce et je fis un fort bon dîner. Traversé en allant et revenant, le bourg d'Assche où j'ai acheté des conques que j'ai rapportées attachées derrière mon dos.

Le 28, promenade à l'abbaye de Dilighem, à une lieue N. O. de Bruxelles. Ce sont des Prémontrés. L'église est jolie ; des deux côtés du grand autel, Melchisédech et Aaron; sur les portes des sacristies, six figures, trois de chaque côté : A gauche, Jésus-Christ, la Tempérance et la Vérité, à droite, la Vierge, la Justice et l'Espérance. Le bâtiment de l'abbé était en train d'être relevé. L'escalier est d'acajou.

Au sortir de l'abbaye, erré dans le voisinage de Laeken. Il est difficile de voir un coup d'œil plus étendu, plus varié, un paysage plus riche, plus riant, une campagne plus verdoyante, mieux entretenue : des bois, des coteaux, des étangs, des prairies, des canaux, des tapis de sarrasins en fleur.

Arrivé à la maison de campagne d'Édouard Walkers, financier. Cette maison est on ne peut plus richement meublée et ornée de tableaux ; les parquets surtout, en acajou, bois de rose, sont d'un goût exquis. Remarquez que ces belles maisons sont en pleine campagne sans murailles ni fossés.

Le 29, promenade par la porte de Scaerbeek à Evren et Harren, distants de Bruxelles d'une lieue et demie.

Le 30, quitté Bruxelles pour aller à Anvers et de là en Hollande.

Le mercredi 17 août, vu, près le pont de Laeken, l'exercice de deux régiments de Bender.

Le 20, l'exercice à feu des Hussards et la petite guerre d'iceux, où j'ai pensé être culbuté.

Le 25, messe à Saint-Jacques de Caudenberg pour le roi. Le curé de Saint-Sulpice (1) l'a dite à 11 heures, elle a été suivie de l'*exaudiat* chanté et de l'oraison. Le soir, fait le tour du parc en 20 minutes et en 1925 pas.

Le 26, promenade à cheval par la porte de Scaerbeek, revenu par la porte de Laeken : une heure et demie d'une porte à l'autre.

Le 28, *Te Deum* à Sainte-Gudule pour la paix avec les Turcs. De là au cercle de l'archiduchesse. Vu un officier montagnard écossais, habit d'arlequin, manteau à la crispin, trois poi-

---

(1) C'est l'abbé Mayneau de Pancemant, remplacé par le jureur Jean Poise.

gnards à la ceinture de son cotillon, sans bas ni culotte.

Vu les jardins de M. Walkiers père, à Scaerbeek; quoique infiniment plus petits que ceux de Laeken, ils sont plus jolis, mieux distribués, plus pittoresques.

Le 7, parti à 8 heures de Bruxelles pour Mons; traversé Hall. C'était la kermesse. Église bien décorée, beaucoup de pèlerins dedans et dehors. Le trésor de cette église possède un ostensoir donné par Henri VIII, avant sa séparation de l'Église romaine.

Dîné à *Braine-le-Comte* où j'ai vu le reste d'une grosse tour bâtie du temps de Jules César par Brennus, général des Sennonois.

Passé à Soignies, petite ville sur la Senne qui y prend sa source. Dans la collégiale de cette ville une *Naissance du Sauveur* qui m'a paru fort belle.

Arrivé à *Mons* à 6 heures; fait en trois quarts d'heure le tour des remparts qui sont plantés d'arbres.

De distance en distance, on y trouve des stations et des chapelles où sont représentés les mystères de la Passion. Il y a aussi sur ces remparts deux magasins à poudre; près de l'un d'eux une potence à laquelle on lit Willems Willems. C'est le nom d'un officier déserteur du régiment de Muret, qui doit céder sa place au dit officier quand on le trouvera (1). Cette ville a cinq portes. Sur les

---

(1) C'est-à-dire on remplacera l'écriteau qui porte le nom par l'homme.

murs de celles de Bertaimont, vu les traces qu'ont laissées les boulets de 1746. La tour du château est belle et occupe le sommet de la ville qui est située sur une montagne et une colline à une lieue de Malplaquet. Cette tour est élevée sur les ruines d'un château où le roi des Éburons vint assiéger Quintus Cicéron, frère de l'orateur romain, 500 ans avant Jésus-Christ (1). La ville est mal bâtie, mal percée ; les églises y sont très multipliées et très propres. Il y a six paroisses : celle de Sainte-Wauldru, qui est aussi chapitre noble de chanoinesses, a pour paroissiens tous les ecclésiastiques, les nobles, les magistrats, les militaires, les gradués, les étrangers, les officiers du Roi, de la province et de la ville.

Le 8, à 6 h. 1/4 du matin, vu administrer un prêtre ; à la demie, assisté à Matines dans cette église. C'est l'Empereur qui en est abbé. La seconde stalle à droite est sa place. Les quatre anciennes, sous le nom des quatre aînées, gouvernent ce chapitre dont les membres sont au nombre de trente-six. Il y a de plus quatorze chanoines qui, aux grandes fêtes, font l'office avec les dames et dont le doyen a le titre de curé de Sainte-Wauldru et en fait les fonctions. Le vaisseau de cette église est d'une belle architecture gothique ; bâtie en pierre bleue ce qui la rend un peu sombre ; la voûte est en briques ; le jubé du côté de la nef est orné d'un Christ, d'une

---

(1) Il y a bien 500 ans, mais c'est rude à croire, il eut fallu que Quintus fut né 400 ans environ avant son frère.

Vierge, des trois Vertus théologales et des quatre
Vertus cardinales ; toutes ces figures en marbre
blanc. Celle qui représente la Force, sous la figure d'une femme qui brise une colonne est fort
estimée. Adossé au jubé du côté du chœur est un
relief de marbre représentant une *Résurrection*.
Le bras d'une des principales figures fut cassé
par la chute d'un boulet de canon. Ce jubé est
soutenu par des pilastres et des colonnes de
pierre noire, sur lesquels on voit de très jolis arabesques qui ont au moins deux cent cinquante
ans ; les dessins et les figures en sont originales.
Sur l'un d'eux on voit une femme qui ôte sa chemise. Les deux autels placés sous le jubé comme
aussi les pilastres du tour du chœur sont garnis
de reliefs d'albâtre d'un fini précieux. Les stalles
antiques sont aussi toutes chargées d'arabesques.
Le chœur, le sanctuaire et l'autel n'ont rien de
remarquable. Les chanoines se placent à gauche
sur des bancs qui occupent l'espace qui se trouve
entre les stalles et le sanctuaire. Les chapelles et
les fermetures des chapelles sont très ornées.
Au fond d'un des bas côtés, un tombeau surmonté d'une figure de la mort saisissant au collet
un homme casqué et armé de toutes pièces et au
bas cette inscription : *Nemini parco* (1), et plus
bas : *cum fortis armatus custodierit atrium suum,
in pace sunt omnia quæ possidet ; si autem fortior
eo supervenerit, universa ejus arma auferet in qui-*

---

(1) Je ne pardonne à personne.

bus confidebat, et spolia ejus distribuet (1).

Il y avait à Matines neuf de ces dames, en y comprenant la novice ou l'écolière. Elles avaient un caraco blanc, par dessus un manteau noir herminé, et, sur la tête, un petit bonnet et un voile rejeté en arrière. A 9 heures à la messe, elles étaient vêtues de robes blanches avec scapulaire noir, fraise et manteau qui, à l'offrande, traînait de deux aunes derrière elles; elles étaient coiffées, avaient un bonnet garni de ruban blanc et leur voile jeté en arrière. A 2 h. 1/2, les vêpres. Si vous ajoutez un éventail à la toilette de ce matin, c'était le costume de cette aprèsdînée.

Après vêpres, voyage au village de Quème, pour y voir des fosses à houille et des mines de charbon de terre. Elles paient le douzième denier pour les frais des pompes à feu par le moyen desquelles on tire l'eau des fossés qui ont 60 à 80 pieds de profondeur.

Le 9, vu la parade et les Houllans. C'est un corps de cavaliers armés de lances à l'extrémité desquelles est un petit drapeau noir et jaune; elles sont appuyées sur le côté de l'étrier droit. Quand ils fondent sur l'ennemi, ils présentent leurs lances au front des chevaux que cette petite draperie effraie, ils les poussent et les retirent avec beaucoup d'adresse et de promptitude. Ils ont en tête une espèce de bonnet carré dont la

(1) Quand le fort armé garde son foyer, toutes ses possessions sont en paix, mais si un plus fort survient, il lui enlève toutes les armes qui faisaient sa confiance et distribue ses dépouilles.

couronne est formée de deux fortes baleines qui se croisent et qui rendent le bonnet à l'épreuve du coup de sabre.

Retourné le 10 à *Tournai*.

Le 11, la kermesse. Grande procession. L'après-midi on a tiré de l'arc sur l'Esplanade. Le lundi 12, à 5 h. du matin, promenade à cheval au camp de Fontenoy; passé près le village et sous les arbres où se tint Louis XV pendant une bonne partie du combat. Déjeûné à *Anthoing*, après avoir visité la paroisse et le château qui renferme une collégiale et une tour très élevée. Vu les carrières de pierre bleue. Le soir, arquebuse.

Le 13, tentes dressées sur l'Esplanade pour les faire sécher. Officier de dragons insolent! Le 20 traversé *Louvain* où j'ai joint M. Heron; ensuite *Tirlemont*, autre petite ville dont le double rang de fortifications atteste l'ancienne splendeur. L'archiduchesse y passait, elle y a couché. Illumination le soir et sur un transparent: *Mariæ, Christinæ, Austriacæ et Alberto, Deo auspice, gubernii purpurâ ornatis, societas inviolata* (1).

Au sortir de Tirlemont, à droite, trois mottes de terre, tombeaux romains ou gaulois; puis continué notre route vers Liège avec M. Héron pour notre tour d'Allemagne (2).

14 octobre. Rentré à Bruxelles le 14 octobre au soir, et le jeudi 27, je l'ai quitté avec ma fauvette, à 5 h. du matin, pour retourner à Paris.

---

(1) A Marie Christine d'Autriche et à Albert, ornés, par la grâce de Dieu, de la pourpre souveraine, fidélité inébranlable.

(2) Nous ne savons rien de ce voyage d'Allemagne, sinon que Rudemare en rapporta une pendule.

Arrivé à 8 h. du soir à *Tournai*, soupé chez Mme de Valanglard à qui j'ai laissé ma pendule.

Parti le 28 à 7 h. du matin, pour *Lille* où je suis arrivé à 11 h.; la diligence de Paris allait partir. Nous nous y sommes logés, ma fauvette et moi, après avoir dîné au faubourg.

Soupé et couché à Cambrai à la Poste chez un aubergiste à qui j'ai donné un assignat de 50 liv. pour se payer 18 liv. (1). Il a refusé en me disant qu'il aimait mieux nous donner notre souper et coucher gratis. Néanmoins il s'y est déterminé le lendemain à 4 h. du matin, voyant que nous partions sans pouvoir revenir de sa générosité.

Dîné à Péronne, visite à *Roye* à une religieuse de mes amies. Soupé à *Gournay* et arrivé à Paris à 11 h. moins un quart du soir, le samedi 29 octobre 1791.

(Note.) De Bruxelles à Cambrai, 50 livres pesant qui me suivaient n'ont rien payé, pas plus de Tournai à Lille; et de Lille à Paris elles m'ont coûté 3 den. par livre. Mes malles du poids de 450 livres sont venues par le roulier Champion, à 8 den. le cent. Pris la résolution de me faire suivre désormais par mes livres et ma bougie. de voir fouiller mes malles et d'appeler l'inspecteur si ses commis ne remettent pas les choses à leur place.

Nous étions à la veille de la Toussaint, je trouvai les églises catholiques rouvertes, on avait

---

(1) Nous voyons par là que les assignats perdent déjà plus du tiers de leur valeur.

renoncé pour un temps aux vexations et aux atrocités cruelles. Je dis la messe alternativement à l'Oratoire et au château. Je confessai à l'Oratoire et dans les maisons, toujours inquiet, toujours guetté (1). Nous pouvions encore cependant nous risquer quelquefois à porter notre habit.

(1) Depuis l'acceptation de la Constitution par le roi — 13 et 14 sept. 1791 — et depuis que la Législative avait remplacé la Constituante — 1ᵉʳ oct. 1792 — il y avait eu un moment d'apaisement. Le grand enthousiasme de 1789 avait en partie disparu et seuls les inguérissables badauds espéraient encore que la Constitution apporterait le remède à tous les maux de la patrie. Mais on avait si longuement répété que le roi seul, en refusant d'accepter cette Constitution, était la cause de tous ces maux, qu'il fallait bien enrayer momentanément le mouvement révolutionnaire. Les grands meneurs du camp Jacobin feignaient donc le sommeil et l'opinion ne demandait pas mieux que d'espérer contre toute chance contraire, et de s'aveugler. La bourgeoisie qui se voyait arrivée à la domination, assurait de bonne foi, que la Révolution ayant évidemment pour but unique d'abaisser la noblesse et de donner à la bourgeoisie le pouvoir gouvernemental, la Révolution devait être terminée : la Constitution, en effet, avait abaissé tout ce qui dépassait la classe moyenne. Cette accalmie, malgré la majorité sincèrement constitutionnelle de la Législative, ne pouvait durer. L'ambition des Girondins, leur républicanisme téméraire et fanfaron, leur faiblesse en face des démagogues égale à leur insolence devant les conservateurs, la lâcheté particulièrement distinctive des honnêtes gens en temps de révolution et surtout l'instinct diabolique du Jacobinisme, ne tardèrent pas à rallumer la persécution. Tandis que l'ignoble défroqué et bon filou Chabot entrait chez le Roi le chapeau sur la tête, Mme Roland était fière de voir son « vertueux époux » entrer au Conseil des ministres avec des souliers à lacets de cuir. N'était-ce pas le but final de la Révolution ! Ils s'imaginaient préparer ainsi, en insultant de leur mieux la majesté royale, l'avènement de la République. Ils la préparaient, en effet, mais elle devait leur couper le cou. Toujours dans le même but, les chefs plus habiles reprenaient la guerre contre le catholicisme. Le 29 novembre, on plaçait sous la surveillance de la police et des patriotes les prêtres qui n'avaient pas prêté serment. Le 19 décembre, le Roi mettait le *velo* suspensif sur cette loi. Mais la trève était dénoncée. Le régime constitutionnel reprenait le mouvement que la République devait mener jusqu'aux noyades de Nantes, aux pontons de Rochefort, à l'emprisonnement de Sinamari, pour revenir ensuite à son point de départ à la persécution hypocrite, comme nous le voyons aujourd'hui. Seulement la France, infusée par cent ans de virus révolutionnaire, a perdu l'épargne d'énergie que la société chrétienne lui avait donnée, et la persécution

1792

Le 1er janvier 1792, après la messe, je me promenai aux Tuileries en soutane et manteau long, je m'y trouvai là seul (1).

Le même jour, la cour était en deuil de l'empereur (2). Des jeunes gens pour insulter à la douleur de leur maître se promènent sous les croisées du château un crêpe rose au bras.

Depuis longtemps pressé par Guinchard de venir demeurer avec lui, je me laissai aller à ses instances. Il avait acheté au faubourg St-Antoine, n° 22 rue des Boulets, une jolie maison. Entré sous la porte cochère, on trouvait à gauche la buanderie, des commodités anglaises et le poulailler, à droite, la salle à manger, la cuisine et la cave ; à l'entresol, à gauche, une salle de billard, un cabinet formant notre chapelle ; à l'entresol, à droite, chambre d'ami et chambre des domestiques. Au premier étage, un salon à droite, et à gauche, une chambre à coucher et un cabi-

tombée sous la direction des lâches et des habiles, des Francs-maçons et des Juifs, est devenue sournoise et fiscale. Mais les lois dont se plaint Rudemare et qui dégageaient, pour ainsi dire, le cou du clergé pour le lui couper plus aisément, étaient les mêmes que les lois d'aujourd'hui lui volant son argent et ses habits pour nous faire mourir d'inanition.

(1) Rudemare était brave ; en se promenant ainsi vêtu, il affrontait les injures et les coups, mais non encore la gendarmerie. Ce fut le 6 août suivant que le port du costume ecclésiastique fut défendu par un décret de la Législative.

(2) Rudemare doit se tromper, Joseph II était mort en 1790. Léopold II, son successeur, ne mourut qu'au mois de Mars de cette année 1792. C'est donc pour célébrer un autre deuil que la Révolution française se couvrit héroïquement de crêpe rose.

net, au-dessus les greniers. En face de la maison, sur le derrière, petite cour, parterre et jardin.

Il me proposa de me donner en particulier la chambre à coucher et le cabinet à gauche et avec lui la jouissance de tout le reste, à la charge de lui payer 100 liv. de loyer, de faire à mes frais les dépenses que mon entrée occasionnerait et de laisser tous les papiers, placards et alcôves que je pouvais faire placer dans toute l'étendue de la maison. J'acceptai et me disposai à y rentrer au 1ᵉʳ avril.

Mon carême se passa, d'un côté, à travailler avec lui à une allée couverte que nous fîmes, à un terreau que nous raccommodâmes et à planter le jardin que nous partageâmes en deux parties ; de l'autre côté à exercer mon ministère sur le terrain de mon ancienne paroisse, où j'avais pris un pied-à-terre chez Bruno, rue des Fossés-St-Germain-l'Auxerrois.

Je disais la messe, tous les dimanches, à l'Oratoire ou à la chapelle du roi.

Le 14 mars nous bénîmes notre chapelle (1) et la dédiâmes à la sainte Vierge.

Quelques jours après, me promenant aux Tuileries, je rencontrai le curé intrus auquel je témoignai ma surprise de ce qu'il n'avait répondu ni à mes lettres ni à mes visites. Il me dit :

— Je croyais que vous demeuriez au faubourg St Antoine.

— Cela n'empêche pas, lui répondis-je, que je

____

(1) Dans la maison de la rue des Boulets.

n'aie un pied-à-terre sur la paroisse ; vous pouvez savoir que je connais assez mon devoir pour ne pas m'en éloigner à la veille de Pâques.

— Je le sais, me dit-il et j'ai à me plaindre de ce que vous mettez le trouble dans ma paroisse.

— Je ne vous entends pas, lui dis-je, je ne vous connais pas de paroisse, je travaille dans celle de M. Ringard (1), ma mission je la tiens de l'église, c'est-à-dire de Mgr l'Archevêque et de lui (2). Quels sont vos titres sur sa paroisse ?

Cette conversation quoique tranquille ne plut pourtant pas à Corpet. Il saisit le premier moment que je regardais d'un autre côté pour filer.

Je continuai de dire la messe à la Chapelle (3) et d'y entendre les vêpres auxquelles le Roi et sa famille ne manquaient pas. Je les vis de bien près le Vendredi saint, et au tombeau et à l'adoration de la croix. Ce jour là, au moment où le roi sortait de la chapelle, une banquette qu'on avait relevée tombe. La nouvelle de l'assassinat du roi de Suède (4) s'était répandue la veille ; la Reine fit un cri qui saisit d'effroi toute l'assemblée, la banquette fut retenue et notre pauvre Reine ainsi

---

(1) L'ancien curé, comme on se le rappelle, qui pour tous les catholiques était le vrai pasteur. Corpet, intrus, jureur et schismatique était alors conspué. Il fit sa rétractation, puisque nous le voyons en 1810, attaché à l'officialité.

(2) De lui Ringard.

(3) Du Roi.

(4) Gustave III, énergique, enthousiaste, vraiment chevaleresque. Son dévouement à la Reine Marie Antoinette est connu et touchant. Ce fut cette admiration dévouée et la haine de Gustave contre les révolutionnaires qui le fit condamner par la Franc-maçonnerie et assassiner par un lâche traître.

que l'assemblée en furent quittes pour la peur. Je ne pensais guère que c'était là la dernière fois que je voyais mon infortuné maître.

Je partageai les offices de la Semaine Sainte entre la Chapelle et le séminaire St Sulpice. Je leur fis à l'un et à l'autre mes adieux. J'allai alors habiter mon manoir du faubourg St Antoine. Je ne portais plus l'habit ecclésiastique pour ne pas effaroucher les tigres au milieu desquels j'allais demeurer.

Nous cultivions là très tranquillement et très patriotiquement notre jardin de 300 pieds de long sur 40 de large. Nous avions décoré nous mêmes notre chapelle que nous appelions habituellement notre salle de bains. Nous y fîmes faire des Pâques, des Premières Communions. J'y mariai une des filles de M. Le Monnier. J'y baptisai aussi un fils de Mme Chaffaugion.

Lorsque nos affaires nous appellaient dans le voisinage, nous y allions en veste et pantalon. Dans le même accoutrement, nous allions chez mon père à Gentilly, chez Dubousset à Vincennes et chez Honnoré à Nogent sur Marne.

Ces deux amis étaient à peu près les seuls que je voyais chez eux, les autres nous vinrent voir. Je passai trois semaines à Angerville-la-Rivière près Fontainebleau, chez Mme la Vicomtesse d'Allemans. Je lui disais la messe.

Cependant la fermentation augmentait à Paris et commençait à se faire sentir dans les environs. Je revins à Paris où je trouvai le peuple plus insolent que jamais.

Un jour que la famille Honnoré dînait chez nous, je sortis pour visiter les chevaux (1) qui n'avaient pas approché de la maison pour qu'on ne nous accusât pas d'aristocratie. Un sans-culotte vint m'offrir une prise de tabac et me demander où j'allais, en observant que j'allais et venais bien souvent. Le lendemain, lorsque j'étais occupé au jardin, plantant des fraisiers, une balle de fusil vint me siffler aux oreilles ; un domestique qui était auprès de moi l'entendit aussi.

Le 4 ou 5 d'août, je fus à Nogent pour passer quelques jours chez M. Honnoré. J'y eus beaucoup de plaisir ; nous nous promenâmes tous, un soir que la chaleur était étouffante, dans un bras de la Marne.

Le 10 d'août, j'étais dans le jardin causant avec Mme Honnoré, vers les 3 heures de l'après-midi, quand j'entendis sonner le tocsin et battre la générale. On sait ce qui en était la cause (2). Vers les 6 heures arrive, Guinchard, mal déguisé en veste et en pantalon, il avait la mine d'un déterré. Il nous raconte une partie de ce qui s'était passé. La pauvre Mme Honnoré était plus morte que vive. Notre présence augmentait ses alarmes, nous cherchâmes, Guinchard et moi, où nous passerions la nuit. Impossible de prendre un parti quelconque : c'était à qui ne nous recevrait pas ; je crus que c'était mon dernier jour. Nous résolûmes enfin de rester chez elle quand on nous

---

(1) Qui avaient amené la famille Honoré.
(2) La prise des Tuileries.

eût dit que le village était plein de gens turbulents. De fait, en restant, nous courions le risque d'être arrêtés dans la maison et, en ne restant pas, d'être arrêtés dans le village, sur la route et d'exposer la maison qui nous avait servi d'asile à être pillée.

Nous étions déterminés à nous présenter, si la foule nous venait demander, comme nous en étions menacés. Nous passâmes tous une soirée bien triste, à l'exception des domestiques, du nombre desquels était un frère de lait de Mme Honoré, qui ne furent jamais si gais. Ils passèrent leur temps à chanter (1), il était minuit que nous n'avions pu encore obtenir notre souper.

Nous passâmes la nuit la plus triste possible, je ne fis que m'assoupir et me relever pour m'assurer que Mme Honnoré et Mlle Roger étaient tranquilles. Si j'avais passé des moments bien agréables en leur société, mes plaisirs furent bien compensés par les transes mortelles de la nuit. Je croyais à chaque instant entendre les patriotes enfonçant les portes pour nous chercher. Une maudite chouette nous étourdit constamment de

(1) Cette joie de la valetaille à la chute de la royauté est caractéristique. Elle comprenait que son règne commençait et que la prochaine république était son amie. Toutefois les marques de dévouement ne manquèrent point dans la domesticité, pas plus que la trahison, les dénonciations, les vols autorisés par la loi républicaine, l'espionnage ordonné par cette même loi. Chacun de nous connaît les plus touchantes preuves de fidélité domestique et je suis toujours heureux de citer ceci : Il y eut pendant presque toute la Révolution, chez mon grand-père, plusieurs prêtres cachés. Les visites domiciliaires furent fréquentes, les garnisaires nombreux, haineux, vigilants, les maîtres de la maison emprisonnés; les domestiques et tout le village savaient où étaient ces prêtres, il n'y eut jamais une dénonciation, ni même une indiscrétion.

ses cris sinistres. Guinchard nous quitta le lendemain, je m'en fus le surlendemain sans savoir où diriger mes pas. Il n'était pas sûr de retourner à la maison. J'allai chez mes amis et mes connaissances, cherchant un gîte.

Cependant la nation fit une descente chez nous et après avoir visité toute la maison, l'officier qui, à la vue du portrait de Guinchard, avait dit: « je le reconnais bien, je lui ai raccommodé ses souliers, il y a quinze jours », signifia à nos domestiques que nous eussions à comparaître à la section.

J'arrivai à la maison comme ils en sortaient, je ne me fis pas prier de n'y pas coucher. Je retournai bientôt à ma tanière, emportant des papiers et des effets.

Le lendemain matin j'arrive à la maison où Guinchard avait cherché un asile, une fruitière l'avait vu entrer, la veille, et l'avait dénoncé. Le district faisait la visite de la maison.

Il l'avait commencée heureusement par le grenier, je les entendis se faire ouvrir les armoires. Je frappe à la porte de l'appartement où il était caché; on le cèle; j'insiste et je l'emmène, pâle comme la mort, par les grands boulevards chez un de ses parents.

Le soir nous allâmes à la section, où on nous reçoit bien et où on nous engage à nous joindre aux citoyens. Nous y fûmes, le lendemain et les jours suivants, en guenilles. On ne pouvait décemment s'y présenter mieux habillé.

Il fallut nous faire enregistrer pour monter la

garde. Rien d'extravagant et d'impie que nous n'ayons entendu dans l'église Ste-Marguerite, lieu des séances.

Un soir, ils arrêtèrent que les corps électoraux seraient supprimés et les élections rendues au peuple, c'était une atteinte directe donnée à la Constitution. Nous pensâmes qu'on ne pouvait envoyer en députation, pour notifier cette résolution aux autres sections, des gens qui avaient juré de maintenir cette Constitution. Nous (1) nous offrîmes donc, Guinchard et moi, pour être envoyés, avec six autres, comme commissaires, aux dites sections. Je choisis celles de Henri IV, les Quatre Nations, de la Croix rouge (2), de la Fontaine de Grenelle, des Tuileries, du Mail, de l'Oratoire et du Louvre ; partout bien accueillis. A la section des Quatre Nations rencontré Roussineau (3) qui me crut de son bord et m'embrassa. Quand je me fus acquitté de ma mission, le président me répondit :

— Ce que vous proposez de la part de votre section était déjà le vœu de la nôtre.

— En effet, Monsieur, le peuple ne se corrompt pas aisément, c'est à lui que nous devons Petion, que nous devons Marat, que nous devons Danton.

---

(1) Qui n'avions pas voulu la jurer.

(2) Sauf celle-ci et la voisine *Fontaine de Grenelle*, qui se laissa assez vite entamer sans aller toutefois jusqu'à la férocité démocratique, toutes ces sections étaient volontiers conservatrices, même celle des *Quatre Nations*, bien que ce fut elle qui eut l'air de légaliser les massacres de Septembre, l'Abbaye étant sur son territoire.

(3) Un ancien ami de Rudemare, que nous avons vu, à titre de jureur, installé comme curé de St-Germains des Prés.

A la Fontaine de Grenelle, des Marseillais (1) avaient pris un pauvre noble dont ils voulaient la vie ou celle du président.

A Saint Germain l'Auxerrois ils me prirent pour un prêtre arrêté, je leur signifiai notre mission. On nous conduisit à l'œuvre (2). Je parlai, puis, me tournant pour voir qui me répondrait, je vis Corpet en redingote grise, faisant les fonctions de président. Il me parut embarrassé.

Je fus bientôt entouré d'une foule de paroissiens qui me firent des questions sans nombre. Cette démarche était peut-être imprudente, mais j'avais à leur prouver que je n'étais pas caché chez un orfèvre dont ils désiraient avoir un prétexte pour piller la maison.

De retour chez nous, nous vîmes le pauvre Angar qui était venu s'y réfugier et qui fut massacré depuis.

La rage des Patriotes contre nous augmentait cependant tous les jours. J'abandonnai la maison et pendant plus de trois semaines, qu'on nous traita comme les Anglais traitèrent leurs bêtes fautes (3) quand ils voulurent s'en débarrasser, je couchai près d'un corps de garde (4), chez un jacobin avec Bertran ; puis chez le tailleur d'un spectacle de Paris, où je passai cinq à six jours,

---

(1) C'est cette troupe de forçats bien connue, échappés des bagnes du Midi, enregimentés par les députés de Marseille et qui furent, au 10 août, les vrais fondateurs de la République Française.

(2) Au banc d'œuvre. Beaucoup de réunions sectionnaires se tinrent dans les églises.

(3) Les loups.

(4) C'était le plus sûr refuge, et c'est là que Lacretelle passait une partie de ses nuits pendant la Terreur.

ne sortant que la nuit, et plus souvent pas du tout.

Enfin arriva l'heureux décret du 26 août 1792 (1).

(1) Cette France républicaine succédant à la France révolutionnaire était tellement inhabitable pour tout chrétien que cette loi bénie, cette loi de salut était celle qui ordonnait le bannissement de tous les prêtres fidèles. La République n'était qu'à ses débuts. Elle devait devenir cent fois plus persécutrice et elle en arriverait à ne plus laisser aux catholiques pour patrie que le plancher de l'échafaud. Mais elle était déjà si odieuse que cette terrible malédiction, qui est le bannissement, était un bienfait et que quitter ce qu'on appelait jadis la « douce France » était considéré comme la fin de la souffrance.

Imp. Salésienne. 29, rue du Retrait. Paris (Ménilmontant).

9 782014 449976